이기는 법

이기는 법

초판 1쇄 인쇄 | 2020년 6월 16일
초판 1쇄 발행 | 2020년 6월 23일

지은이 | 김 식
펴낸이 | 박영욱
펴낸곳 | 북오션

편 집 | 이상모
마케팅 | 최석진
디자인 | 서정희 · 민영선

주 소 | 서울시 마포구 월드컵로 14길 62
이메일 | bookocean@naver.com
네이버포스트 | post.naver.com/bookocean
페이스북 | facebook.com/bookocean.book
인스타그램 | instagram.com/bookocean777
전 화 | 편집문의: 02-325-9172   영업문의: 02-322-6709
팩 스 | 02-3143-3964

출판신고번호 | 제313-2007-000197호

ISBN 978-89-6799-542-3 (03190)

이 도서의 국립중앙도서관 출판예정도서목록(CIP)은 서지정보유통지원시스템
홈페이지(http://seoji.nl.go.kr)와 국가자료공동목록시스템
(http://www.nl.go.kr/kolisnet)에서 이용하실 수 있습니다.
(CIP제어번호: CIP2020020044)

이기는 법

김 식 지음

북오션

위대한 실패자 노무라

2009년 10월 24일, 일본 프로야구 퍼시픽리그 클라이맥스 시리즈 제2스테이지 4차전이 홋카이도 삿포로돔에서 열렸다. 라쿠텐 골든이글스는 4대 9로 패하면서 일본시리즈 진출권을 니혼햄 파이터스에게 내줬다. 꼴찌 팀 라쿠텐의 반란은 거기까지였다. 노무라 가쓰야(野村克也)는 이날을 끝으로 라쿠텐 감독에서 물러났다.

승리를 거둔 니혼햄 선수들은 그라운드에 모여 기쁨을 만끽했다. 그런 다음 패자를 위한 세리머니가 이어졌다. 라쿠텐 선수들이 하나둘 모여들더니 니혼햄 선수들과 섞였다. 그리고 모두가 노무라를 헹가래쳤다. 승자 독식의 논리만 존재하는 그라운드에서 승자의 축제가 끝난 후 패자에게 경의를 표하는, 놀라운 장면이었다. 고집불통 74세 노장의 마지막 뒷모습에 모두가 찬사와 아쉬움을 보냈다.

이 경기에 앞서 노무라는 라쿠텐 선수들의 라커룸을 찾았다.

"오늘이 마지막일지 몰라서 미리 인사를 해야겠다. 지난 4년 동안 이 늙은이를 따라줘서 정말 고맙다."

노무라는 허리를 꺾어 선수들에게 감사의 인사를 전했다. 그러고는 최후의 싸움을 시작했다. 생애 마지막 경기에서 노무라는 졌다. 그리고 마지막 순간 적과 동지의 구분 없이 최고의 존경을 받았다. 평생 실패와 싸워온 노무라다운 결말이었다.

라쿠텐은 창단 첫 시즌인 2005년 38승 1무 97패의 참담한 성적으로 꼴찌를 기록했다. 이어 노무라를 신임 감독으로 임명했는데, 이후 라쿠텐은 4년 만에 퍼시픽리그 2위로 뛰어올랐다. 창단 후 처음 포스트시즌에 진출하는 경사를 맞은 라쿠텐은 2009년 정규시즌 마지막 날인 10월 11일 "다음 시즌에는 노무라와 재계약하지 않겠다"고 발표했다. 팀 전력이 어느 정도 안정 궤도에 들었다는 판단이 서자 독불장군인 그와 이별한 것이다.

사실상 해임 통보를 받은 노무라는 이를 담담하게 받아들였다. 항상 그랬듯 경기에만 전념했다. 라쿠텐은 클라이맥스 시리즈 제1스테이지에서 소프트뱅크 호크스를 맞아 2연승을 거두며 제2스테이지에 진출했다. 최약체 라쿠텐이 포스트시즌에 진출해 리그의 강자 소프트뱅크를 격파한 것만으로도 기적이었다. 라쿠텐이 제2스테이지에서 니혼햄에 지면서 노무라의 시대는 막을 내렸다.

노무라가 떠난 뒤에도 라쿠텐엔 그의 유산이 남았다. 4년 동안 노무라가 만든 팀은 점점 더 강해졌다. 2013년 라쿠텐은 퍼시픽리그 우승을 차지한 데 이어 일본시리즈에서 요미우리 자이언츠를 꺾고 챔피언에 올랐다.

노무라가 쓴 저서는 총 스무 권에 달한다. 일본의 야구 선수와 지도자들은 노무라의 철학과 이론에 동의하든 동의하지 않든 그의 책 몇 권은 꼭 읽는다고 한다. 야구의 나라이자 출판의 천국인 일본에서도 노무라의 책만큼 야구 콘텐츠를 풍부하게 담은 책은 드물기 때문이다.

야구인들만 노무라의 말에 귀를 기울이는 건 아니다. 노무라의 저서를 베스트셀러 반열에 올려놓은 건 일본의 평범한 젊은이들이었다. 노무라의 인생과 야구 안에는 처세가 있고, 교양이 있고, 교훈이 있고, 리더십이 있다. 그의 책은 1980년대부터 현재까지 일본 젊은이들의 필독서로 꼽힌다. 1996년 일본 인사원이 공무원들을 상대로 실시한 '가장 이상적인 상사상' 설문조사에서 노무라가 정치, 경제 등 각 분야의 리더들을 제치고 1위에 올랐다.

노무라의 말과 행동은 결코 평범하지 않다. 현실과 동떨어진 것들도 꽤 많다. 보통 사람들은 그처럼 독하고 치열하게 살기 힘들 것이다. 노무라가 보낸 젊은 시절과 지금은 꽤 다른 면도 있다.

그러나 노무라의 책에는 시간이 흘러도 변하지 않는 가치가 있다. 약한 사람이 강해질 수 있고, 패배에 길들여진 팀이 승리할 수 있는, 이른바 '약자병법(弱者兵法)'이다. 약한 노무라가 강한 노무라가 되는 과정, 약한 팀을 강한 팀으로 개선하는 과정에서 많은 사람들이 영감과 희망을 얻는다.

노무라에게 야구는 인생의 전부였다. 일상적인 행위 하나하나가 모두 야구를 염두에 둔 것이었다. 야구를 잘하기 위해서 책을 읽고, 사람을 만나고, 공부를 했다. 그리하여 그의 야구론에는 이기기 위한 기술과 전략 외에 인간학, 경영학, 리더십, 처세술까지 담겨 있다. 일본의 많은 젊은이들은 노무라를 통해 자극을 받는다. 그리고 각자의 상황에 맞게 노무라의 메시지를 받아들이고 응용한다.

노무라는 세상이 말하는 정답만 얘기하지 않는다. 조금은 비뚤어진 시선으로 세상을 바라본다. 그렇게 태어났고 살아왔으며 그의 방식대로 성공했다.

그는 비관주의자다. 세상은 긍정의 힘을 노래하지만 노무라는 대책 없는 낙천주의를 경계한다.

그는 투정을 잘 부린다. 세상은 온화와 화합을 강조하지만 노무라는 끊임없이 불평한다. 단 투정의 대상은 타인이나 세상이 아닌 자신이다.

그를 좋아하는 사람과 싫어하는 사람이 극명하게 갈린다. 그를 좋아하는 사람은 노무라의 야구와 인생을 기꺼이 배운다. 그를 싫어하는 사람 역시 노무라를 이기기 위해서 그를 공부한다.

김 식

내가 노무라를 읽는 이유

세상에는 절대 강자와 절대 약자, 영원한 승자와 영원한 패자가 없다. 강자와 약자, 승자와 패자는 어떻게 생각하고 노력하느냐에 따라 갈린다. 따라서 둘은 언제든지 바뀔 수 있다. 사람들은 태어날 때부터 타고난 자신의 잠재력을 깨닫지 못하고 산다. 나는 인생의 성패는 각자의 잠재력을 어떻게 발견하고 얼마나 키워가느냐에 따라 결정된다고 생각한다.

아이디어는 위기에 부딪혔을 때 샘물처럼 솟아오르는 법이다. 사람은 위기와 실패를 겪으며 더 강해진다. 어려운 상황일수록 처절하게 고민해야 한다. 생사의 경계에 서서 절박하게 연구하고, 돌파구를 뚫고, 온 힘을 다해 뛰느냐가 중요하다. 생각이 바뀌면 행동이 바뀌고, 행동이 바뀌면 습관이 바뀌고, 습관이 바뀌면 운명이 바뀌고, 운명이 바뀌면 인생이 바뀐다는 말이 있다. 발상의 깊이에 따라 인생이 바뀔 수 있다. 중요한 것은 생각을 하는 것이다.

나는 스물여덟 살부터 야구 감독을 했다. 40년 넘도록 감독으로, 리더로 살고 있다. 내가 맡은 팀들은 고등학교 팀부터 프로 팀까지 다양하지만 12개 팀 가운데 강팀은 하나도 없었다. 잘해야 중간, 보통은 꼴찌 팀이었다. 지금 와서 생각하면 약한 팀을 맡은 건 나의 운명인 것 같다. 선수 개인과 팀 전체의 가능성과 잠재력을 발견하고, 문제점을 찾아 해결책을 모색하며 긴 세월을 보냈다. 그러한 과정을 거치며 많은 공부를 할 수 있었고 선수도, 팀도, 나 자신도 강해질 수 있었다.

승부에선 이겨야 한다. 야구나 인생이나 마찬가지다. 이기고 싶은 열망을 품고 열악한 현실을 극복해야 한다. 그러기 위해서 나는 많은 시행착오를 하면서도 싸움을 멈추지 않았다.

야구 감독이 되고 나서 난 책을 많이 읽기 시작했다. 노무라의 영향을 받아서였다. 노무라는 "지도자는 전문지식은 물론 일반지식도 풍부해야 한다. 그렇지 않으면 선수들 위에 설 자격이 없다"고 말한 바 있다. 공부하는 리더가 되라는 말이었다.

여러 책을 읽는 가운데 가장 강하게 내 마음을 울린 건 역시 노무라의 저서들이었다. 한 글자도 빼놓지 않고 소중하게 읽었다. 노무라는 야구와 승부의 심오함에 대해 설명했고, 창조성과 창의력으로 무에서 유를 창조하는 방법을 소개했다. 이기기 위해서는 기본기가 가장 중요하다고 강조하면서도, 심리전·정보전 같은 세밀한 전략의 필요성을 역설했다. 특히 사람의 잠재력과 한계를 보는 눈, 그리고 사람을 적재적소에 배치해 활용하는 그의 능력에 놀랐다. 노무라는 여러 저서를 통해 나에게 좋은 길잡이 역할을 해줬다.

노무라는 훌륭한 선수였다. '야구는 확률의 싸움'이라는 믿음으로 남들보다 앞서 데이터를 활용해 야구를 공부했다. 그는 통산 657홈런, 1988타점, 2901안타를 기록했다. 이런 대단한 기록은 단순히 힘과 기술로 이룬 것들이 아니다. 다양한 자료를 입체적으로 활용했고, 상대 투수의 습관을 연구했으며, 포수의 공 배합을 역이용했다. 머리를 쓸 줄 알았다. 일례로 노무라는 큰 홈런을 때리려고 하지 않았다. 펜스까지의 거리가 95m라면 120m짜리 홈런이 아닌 96m짜리 홈런을 치려고 했다. 힘에 의존하면 정확도가 떨어지므로 타구에 회전을 주면서 펜스를 살짝 넘기는 홈런을 때리고자 노력했다. 노무라가 보여준 발상의 전환은 내게 큰 충격으로 다가왔다.

노무라는 리더로서도 훌륭했다. 구성원을 파악하고 그들의 마음을 움직여 최고의 에너지를 이끌어낼 줄 알았다. 대표적인 예가 자존심 강한 왼손 투수 에나쓰 유타카를 선발투수에서 구원투수로 전환한 것이다. 45번의 완봉승을 포함해 206차례 선발승을 거둔 에나쓰를 노무라는 "야구의 혁명을 일으키자"라는 거창한 말로 설득했다. 이전까지 마무리 투수는 그저 마지막 투수였지만 노무라는 전문 마무리 투수의 필요성을 느꼈고, 에나쓰에게 그걸 맡겼다. 에나쓰는 젊은 시절 불같은 강속구를 던졌지만 노무라를 만났을 때는 힘이 떨어진 뒤였다. 노무라는 에나쓰에게 가장 잘 어울리는 역할을 줬고, 최고의 성과를 끌어냈다. 1977년 이후 에나쓰는 다섯 번이나 구원왕에 오르며 통산 193세이브를 기록했다.

이 밖에도 노무라는 발명에 가까운 창의적인 전략을 많이 만들어냈다. 일본 프로야구 통산 최다 도루 기록 보유자인 후쿠모토 유타카를 잡기 위해 갖가지 방법을 다 썼다. 먼저 후쿠모토가 1루에서 달리기 시작해 2루까지 다다르는 시간을 쟀다. 그리고 노무라 팀의 투수가 포수에게 공을 던지는 시간, 포수가 다시 2루까지 공을 던지는 시간을 측정해 그보다 빠르게 만들었다. 후쿠모토는 노무라를 이기기 위해 더 빨리 뛰는 법을 연구했다. 그런 과정을 거치며 일본 야구가 발전했다. 마치 2007년 SK 와이번스와 두산 베어스가 스피드를 앞세워 서로를 자극한 것처럼 말이다. 노무라는 일본 야구의 혁명가였다.

노무라는 1년째에는 씨를 뿌리고, 2년째에는 물을 주고, 3년째에 수확을 한다고 말했다. 여기에는 기다림과 노력, 그리고 정성의 철학이 담겨 있다. 하루빨리 성과를 내기만을 기대하는 우리나라 야구가 노무라의 철학을 거울삼아야 한다고 생각한다.

노무라는 비관론자다. 팀의 모든 걱정을 떠안는 포수 출신이기에 그런 것 같다. 그는 최악의 가능성을 생각하면서, 최선을 다해 생각하고 노력하며, 머리를 써서 승리하는 길을 찾는다. 바로 그것이 약자가 강자가 되는 방법이다.

야구는 실패의 스포츠다. 실패를 딛고 일어서는 것이 중요하다. 실패했을 때 실패의 원인을 꼭 찾아내야 한다고 노무라는 주장한다. 실패의 이유를 정확히 알면 다음에 같은 실패를 할 가능성이 줄어든다. 모든 플레이에 생각이 스며들기 때문이다. 약자는 실패했을 때 반드시 그 이유를 찾아내야 한다. 그래야 훗날 강자가 될 수 있다.

노무라의 책이 야구인뿐만 아니라, 야구만큼 복잡한 세상을 사는 보통 사람들에게도 많은 도움과 깨달음을 줄 것으로 기대한다.

야구 감독 김성근

숫자로 보는 노무라

50.03%

감독 노무라의 정규 시즌 승률. 그는 감독으로서 통산 1565승 76무 1563패를 기록했다. 3204경기를 지휘하는 동안 이긴 경기가 진 경기보다 고작 두 차례 더 많았다. 그러나 그의 승률 50%는 일본 야구에서 최고의 성과로 평가받는다. 약한 팀을 강하게 만드는 능력이 탁월했기에 위기에 빠진 팀은 언제나 노무라를 찾았다.

74세

노무라가 은퇴한 나이. 2001년 66세의 노무라가 한신 타이거즈 감독에서 물러났을 때 그의 역할은 끝난 줄 알았다. 그러나 2006년 라쿠텐 골든이글스가 다시 그를 사령탑에 올려놓았고, 노무라는 2009년, 74세까지 왕성하게 활약했다.

3017경기

노무라가 선수로 뛴 경기 수. 노무라는 역대 최다 홈런, 최다 타점 기록을 오 사다하루(왕정치)에게 넘겨줬지만 출전 경기 수와 타석(1만 1970), 타수(1만 472) 부문에서는 여전히 1위다. 45세까지 선수로 뛴 결과다.

113개와 378개

노무라가 갖고 있는 두 가지 타격 기록. 그는 팀을 위해 희생플라이 113개를 날렸다. 그러면서도 역대 가장 많은 병살타 378개를 기록했다. 희생플라이를 때려 팀 득점에 도움을 주기도 하고, 병살타를 굴려 팀에 폐를 끼치기도 했다.

5회 MVP

노무라는 1961, 1963, 1965, 1966, 1973년 등 5회에 걸쳐 최우수선수(MVP)에 올랐다. 무려 9번이나 홈런왕에 오르며 통산 홈런 657개를 기록했다. 그러나 그는 이내 오 사다하루에게 밀려 2인자가 됐다. 연습생 신분으로 선수 생활을 시작했기에 노무라는 평생

약자의 입장이었다. 그래서 더욱 악착같이 이기고 강해지는 법을
연구했다.

4차례 해임

노무라는 감독 겸 선수로 뛴 난카이 호크스에서 해임된 것을 시
작으로 야쿠르트 스왈로스, 한신 타이거즈, 라쿠텐 골든이글스 등
에서도 구단과의 갈등 탓에 강제 퇴임해야 했다. 성공만큼 실패가
많았던 인물이다.

0.277

선수 시절 노무라의 통산 타율. 그는 끝내 3할 타자가 되지 못했
다. 1965년 타격왕(0.320)을 차지하긴 했지만 이후로는 아무리 노력
하고 연구해도 내림세였다. 그러나 노무라는 30%도 되지 않는 확
률로 어떻게든 상대를 이기는 방법을 찾아냈다. 70% 이상의 실패
를 담담하게 받아들인 덕분이다.

차례

머리말 위대한 실패자 노무라　4

김성근 추천사 내가 노무라를 읽는 이유　8

숫자로 보는 노무라　13

Chapter 1 | 약자병법으로 강자와 맞서다

노무라, 이치로를 겨냥하다　23

천재를 잡기 위한 준비　29

승리하는 시나리오를 짜다　33

절대 강자를 이긴 생각하는 야구　41

Chapter 2 | 0에서 출발

속도보다 방향이 중요하다　49

주변에서 무기를 찾아라　58

젊다면, 부딪치고 실패하라　63

승부는 첫 3년 안에 난다　66

Chapter 3 | 열등감, 노무라를 최고로 만든 자산

천재를 인정하라, 그리고 훔쳐라　73

열등감은 훌륭한 에너지다　80

운명을 가르는 차이 5%　85

Chapter 4 | '받는 손'을 '생각하는 손'으로 바꾸다

아무도 관심을 보이지 않은 포수의 진짜 역할　93

승부의 열쇠는 포수가 쥐고 있다　97

관성에게 이유를 묻다　102

Chapter 5 | 야구의 혁명 'ID 야구'

보통 사람, 뛰어난 지도자　111

ID 야구의 시작　118

극강의 요미우리를 이기는 법　126

Chapter 6 | 100명에게서 100가지 재능을 뽑아내라

약자는 약진할 수 있다　135

재생공장장 노무라　141

사람과 자리를 모두 빛내는 법　147

가슴으로 고민하기　152

Chapter 7 | 패배한 만큼 승리할 수 있다

절반의 실패, 그리고 회복 탄력성　159

핵심 인재는 반드시 욕심낸다　164

스타성과 스타 의식의 균형 잡기　168

큰 혁신은 작은 변화로부터　174

두렵다면, 불안과 함께 가라　178

Chapter 8 | 야구도, 경영도 '인간학'이다

사랑하라, 더 사랑하라   187

리더에게도 리더가 필요하다   191

100명의 사람을 100가지 마음으로   196

사람은 실패하면서 배운다   200

Chapter 9 | 굿바이 올드보이

0으로 마감   209

수련 단련 조련   213

올드보이의 옛날 이야기   218

노무라 스피치   221

야구 용어 풀이   229

Chapter 1

약자병법으로
강자와 맞서다

싸움은, 싸움 이전에 시작한다.

노무라 전략의 첫 번째 원칙이다. 강해지기 위해서는,
이기기 위해서는 준비를 해야 한다.
나를 객관적으로 파악하고 상대를 면밀히 분석하는 것이
약자병법의 출발점이다.

のむら かつや
Katsuya Nomura
1935~

노무라,
이치로를 겨냥하다

강자가 승부에서 이길 방법은 수없이 많다. 자기보다 강한 상대를 만나지 않는 한 힘과 기술로 밀어붙이면 이길 수 있다. 그러나 약자에겐 방법이 많지 않다. 그래서 연구와 노력이 필요하다. 강자가 미처 하지 못한 준비를 하고, 강자의 약점을 샅샅이 파헤쳐야 한다. 수십, 수백 가지 전략과 대안이 필요하다. 다윗은 결코 힘으로 골리앗을 이길 수 없다.

1995년 10월 12일 야쿠르트 스왈로스 선수들은 오릭스 블루웨이브와의 일본시리즈를 앞두고 훈련에 열심이었다. 노무라 가쓰야 야쿠르트 감독은 이상하리만치 여유로워 보였다. 예순 살 노장은 훈련장에도 나오지 않은 채 전력분석실에서 시간을 보냈다. 날이 저물어가자 기다리는 취재기자들을 위해 마지못한 듯한 표정으로 벤치에 나타났다. 유니폼이 아닌 사복을 입은 채였다. 노무라가 입을 열었다.

"이대로는 아마 질 것이다. 이길 방법이 없다."

노무라는 약한 소리를 이어갔다.

"수비가 좋은 세이부 라이온스는 오릭스를 상대로 고전했다. 반면 공격력이 뛰어난 다이에 호크스는 선전했다. 결국, 공격이 좋아야 오릭스와 해볼 만하다는 것인가? 우리는 수비의 팀인데, 그렇다면 우리도 오릭스를 이길 수 없다는 것인가?"

오릭스는 그해 82승 1무 47패 승률 0.636로 퍼시픽리그 우승을 차지했다. 그들은 한큐 브레이브스라는 이름으로 1975년부터 3년 연속 일본시리즈 우승을 거둔 뒤로는 내내 중하위권에 머물러왔다. 그러다 야구 천재 스즈키 이치로의 활약으로 일본시리즈에 진출했다.

야쿠르트도 오릭스와 비슷한 상황이었다. 야쿠르트는 1993년 노무라 감독의 지휘로 일본시리즈 우승을 차지하기 전까지 그저 그런 팀이었다. 1994년엔 다시 4위로 떨어진 야쿠르트는 이듬해 우승에 재도전하고 있었다. 10월 21일 시작하는 야쿠르트와 오릭스의 챔피언 결정전은 신흥 명문 팀을 가리는 대결이었다.

노무라는 이치로를 겨냥했다.

"이치로에 대해 연구했다. 그의 타구는 여러 방향으로 날아갔다. 어떤 공에도 잘 대응한다는 뜻이다. 이치로 앞에 주자를 내보내지 않고, 그의 타석 때 내야안타를 막기 위해 내야수들을 앞으로 당기는 등 단단히 대비하는 수밖에 없다."

기자들은 뒤에서 수군거렸다.

"영감이 왜 저렇게 엄살만 떨지? 팀 사기가 떨어지는 것도 모르고."

"패배할 경우를 대비해 미리 핑계를 만드는 것일까?"

이후 노무라는 아예 입을 닫아버렸다. 합숙훈련 중이었는데도 그는 훈련에 별 관심이 없는 것 같았다. 전력분석실에 들어가 두문불출했다. 전쟁을 앞둔 장수가 아니라 시험을 앞둔 학생 같았다. 노무라 감독이 직관보다 숫자를 믿는다는 건 익히 알려진 얘기다. 야구를 과학적으로 해석하고 논리적으로 분석하는 데는 노무라가 일본 1인자다.

그래도 정도가 심했다. 게다가 그는 "오릭스에 대해서는 나도 모르겠다. 나도 전력분석원들에게 배우고 있는 중"이라고 말했다. 야구에서 전력분석원은 군대의 정찰대 같은 역할을 한다. 그들이 수집한 자료를 분석하고 적용하는 건 감독의 몫이다. 전력분석의 대가인 노무라가 아직 배우고 있다고 말하는 건 어쩐지 엄살 같았다.

야쿠르트와 오릭스는 리그가 달라 정규 시즌 동안 맞대결할 일이 없었다. 서로의 장단점을 파악할 기회가 없었다는 의미다. 노무라는 상대를 너무나도 모르는 듯한 말과 행동을 보였다. 두려워하는 것 같기도 했다. 사실 그게 더 수상했다. 다들 노무라에게 무슨 꿍꿍이가 있는지 궁금해하기 시작했다.

노무라는 매일 밤 선수들을 불러 모았다. 노무라가 무슨 얘기를 하는지는 철저히 비밀에 부쳐졌다. 미팅이 끝나면 야쿠르트 선수들은 야간 훈련을 시작했다. 뭔가가 진행 중인 것만은 분명했다.

결전을 닷새 앞두고 노무라가 이전과 전혀 다른 태도를 보였다.

"이치로? 분석한 결과 이치로의 타격은 노무라 겐지로보다 한 수 아래다. 또 주루는 오가타 고이치보다 못하다."

노무라는 이치로를 향해 독설을 날렸다. 노무라와 이치로의 전쟁이 시작된 것이다.

이치로는 1994년 타율(0.385), 안타(210개), 득점(111개), 출루율(0.445) 등 타격 4관왕에 오른 데 이어, 1995년에는 타율(0.342), 안타(179개), 득점(104개), 출루율(0.432)은 물론 타점(80개)과 도루(49개) 타이틀도 추가해 타격 6관왕에 올랐다. 1년 만에 홈런이 13개에서 25개로 증가했고, 타점은 26개나 늘어났다. 이치로는 더 이상 최고의 1번 타자가 아니었다. 1번 타자로서 찬스를 만들 뿐만 아니라 4번 타자처럼 스스로 득점타도 날릴 줄 아는 일본 역사상 최고의 타자로 성장했다. 그는 22세에 이미 정점에 올라 있었다.

그런 이치로를 노무라는 깎아내렸다. 노무라 감독이 이치로보다 낫다고 지목한 인물은 히로시마 도요카프의 강타자 노무라 겐지로였다. 그러나 말 속에 담긴 본뜻은 이치로보다 노무라 감독이 한 수 위라는 것 같았다. 같은 이름을 갖다 붙이며 묘한 분위기를 만든 것이다.

취재진은 다시 웅성거렸다. 이전까지 노무라는 오릭스, 특히 이치로에 대해 칭찬만 했다. 어느 정도 의도가 있는 언행이라는 것을 알았지만 도가 지나쳐 노무라가 나약해 보이기까지 했다. 그러다 며

칠 밤낮으로 전력분석을 하더니 "이치로 공략법을 완성했다"며 선수들에게 자료를 전달했다. 30분 예정이던 회의가 1시간 30분 동안 계속됐다. 밖에서 기다리던 기자들은 "노무라 감독이 뭔가 알아낸 모양"이라고 쑥덕거렸다. 이런 분위기는 기사를 통해 고스란히 오릭스에, 세상에 전해졌다.

그날 밤 노무라는 TV 카메라 앞에서 '후속 공격'을 했다. 역시 이치로를 향해서였다. 그는 요란하게 움직였다. 목소리도 점점 커졌다.

"타격을 하는 순간 이치로의 오른발이 타석을 벗어나는 것 아닌가? 규정대로라면 그건 아웃 같은데……. 이치로는 타석에서 라인을 지운다. 타석을 벗어나는 것을 숨기기 위해서다. 그가 일본시리즈에서도 그런 행동을 한다면 심판이 선을 다시 그어야 할 것이다."

노무라는 방망이를 들고 이치로의 타격 자세를 흉내 냈다. 배트를 쥐지 않은 손엔 야구 규칙서가 들려 있었다. 그가 잡은 방망이는 행위의 구체성을, 규칙서는 주장의 정당성을 역설하고 있었다. 이 장면은 전국에 방송됐다.

경기는 아직 시작도 하지 않았지만 싸움은 이미 진행 중이었다. 노무라는 이치로를 심리적으로 계속 자극했다. 상대를 교란하는 말을 세상에 퍼뜨렸다. 이치로가 신경 쓰지 않을 수 없었다. 야구는 선수와 선수가 싸우는 것이지만 1995년 일본시리즈는 감독 노무라와 선수 이치로의 대결 구도로 진행됐다. 그게 노무라가 노리는 것이었다.

모든 경쟁이 항상 정면 승부로 이뤄지는 건 아니다. 협상을 할 때도 마찬가지다. 노무라는 승부의 흐름을 자신에게 유리한 쪽으로 가져오려 했다. 이치로가 노무라를 신경 쓰느라 자기가 준비해야 할 것, 자기가 만나야 할 상대를 잊도록 만든 것이다.

이를 위해서 철저한 준비가 필요했다. 노무라가 퍼뜨리는 말에는 논리와 신빙성이 있어야 했다. 그래야 세상이 귀를 기울이고, 이치로가 의식하기 때문이다. 그래서 노무라는 이치로의 기술과 타격 성향은 물론 그라운드 밖에서의 습관 등 지극히 사소한 정보들까지도 모아서 분석했다.

대비를 한다고 야구 천재를 완벽하게 막을 수는 없을 것이다. 그러나 준비를 하면 작은 틈을 발견할 수 있다.

이치로는 최강의 상대다. 기술적으로 완벽에 가깝다. 스물두 살에 정상에 오른 인물이다. 그러나 자부심이 지나치게 강하며 아직 어리다. 그게 노무라가 본 이치로의 심리적인 약점이다. 실패해보지 않은 천재는 작은 틈에 의외로 무너질 수 있다. 노무라가 경기에 앞서 이치로의 타격을 평가절하 하고, 타격 자세의 문제점을 꼬집은 것은 그 점을 노려서였다. 노회한 지휘관과 최강의 전투병의 대결은 이렇게 시작됐다.

のむら かつや
Katsuya Nomura
1935~

천재를 잡기 위한 준비

"**야**쿠르트의 노무라보다 제가 못하다고요? 음, 그냥 이겨버리면 됩니다."

노무라에게 선제공격을 당한 이치로는 가만히 있지 않았다. 오릭스 동료들과의 훈련을 마친 뒤 질문을 쏟아내는 기자들을 향해 또박또박 대답했다. 어린 선수치고는 제법 강력한 대응이었다.

"훌륭한 지도자인 노무라 감독이 저를 의식하는 것만으로 기분이 좋습니다. 저에 대한 혹평을 해도 괜찮습니다."

"타석에서 선을 지운다고요? 의식적으로 그런 적은 없습니다. 다시 라인을 긋도록 한다고요? 맘대로 하시죠."

기자들은 신이 났다. 60세 노무라와 22세 이치로의 공방은 대단히 흥미로운 기삿거리였다. 둘의 설전은 미디어를 통해 중계됐다. 어느 기자가 이치로에게 "당신에게 이렇게 많은 얘기를 하는 노무라 감독과 대화해보고 싶지는 않은가?"라고 물었다. 이치로는 "아니요"라고 잘라 말했다. 그의 얼굴은 딱딱하게 굳어 있었다. 미디어를 통해서 나름대로 반격을 했지만, 이치로에게 노무라 감독은 상대하기 불편한 사람이었다. 그의 짧은 대답과 굳은 표정이 그렇게 말하고 있었다.

이치로는 2006년 월드베이스볼클래식(WBC)에서 일본 대표팀을 이끌며 "(한국이) 앞으로 30년 동안 일본을 이길 엄두를 내지 못하도록 하겠다"고 말해 화제가 됐다. 한국 야구팬들 입장에서는 망언이지만 일본인들이 듣기에는 속 시원한 일갈이었다. 이치로는 승부의 맥을 짚을 줄 알고, 적절한 말로 상대를 자극할 수 있는 선수다.

그러나 스물두 살 이치로는 그 정도 수준에 이르지 못했다. 일본리그의 각종 타자 기록을 갈아치우면서도 쉬 흔들리지 않았던 걸 보면, 20대 초반의 선수에게 기대하기 어려운 침착함과 대범함을 가지고 있는 건 분명했다. 그러나 백전노장 노무라에겐 끌려다닐 수밖에 없었다.

이치로의 반응을 살핀 노무라 감독은 슬며시 미소를 흘렸다. 일본시리즈를 나흘 앞두고 다시 입을 열었다.

"이치로와의 대결이 정말 기다려진다. 일류를 상대하는 것은 이류나 삼류와 싸우는 것과는 전혀 다른 묘미가 있다. 이치로 같은 훌륭한 타자를 상대로 내가 어떻게 싸울지 나도 궁금하다. 내가 직접 포수 마스크를 쓰고 싶기도 하다."

며칠 전 이치로를 폄하했던 노무라가 갑자기 어조를 바꿨다. 심지어 자신이 이치로를 공략하기 위해 몸소 포수로 뛰고 싶은 심정이라고까지 했다. 1960~1970년대를 주름 잡은 최고 명포수가 이렇게까지 얘기한 것은 분명 최고의 찬사다. 게다가 말투도 호의적으로 바뀌었다. 악담을 늘어놓다가 갑자기 칭찬 일색으로 바뀐 진짜 이유는 노무라만이 알고 있었다.

노무라의 의도는 두 가지였다. 첫째는 경기를 시작하기도 전에 이치로를 흔들어놓으려 한 것이다. 아무리 신경 쓰지 않으려 노력해도 독설과 극찬을 넘나들며 자기 이야기를 하는데 귀를 닫을 수 있는 인물은 많지 않다. 게다가 이치로는 노무라의 선제공격에 적당한 반응을 보였다.

노무라는 처음과 전혀 다른 말을 하면서 이치로의 마음에 '어느 것이 진심일까' 하는 의구심을 심었다. 그것만으로도 꽤 성공적이었다. 싸우기 전부터 이치로에게 껄끄러운 상대를 만들어준 것이기 때문이다.

둘째는 일본시리즈를 노무라와 이치로의 대결 구도로 만들려고 한 것이다. 챔피언 결정전은 감독과 선수의 대결이 아니다. 벤치에서 작전 지시를 하는 노무라는 직접 이치로와 싸울 수 없다. 그러나 몇 차례 설전으로 1995년 일본시리즈는 둘의 대결로 압축되고 있었다. 이치로 외에 다른 오릭스 선수들이 기분 좋을 리 없었다. 오릭스 사령탑인 오기 아키라 감독은 승부에서 아예 빠져버린 느낌이 들었을 것이다. 상대 진영의 무기력과 혼란, 이것이 노무라가 노린 2차

목표였다.

결전을 하루 앞두고 오릭스의 홈인 고베에서 일본시리즈 감독 회의가 열렸다. 각 리그의 우승 팀끼리 맞붙게 됐으니 양 리그의 규칙 중 미세하게 다른 부분을 조율하는 자리였다. 노무라가 말했다.

"오릭스 선수 중 타석의 라인을 지우는 선수가 있다. 선을 지우면 그 타자가 선을 넘어서 타격하는지 아닌지 알 수 없다. 선을 넘는다면 반칙이다."

실전에서 진짜 시비를 걸겠다는 건가? 아니면 심리 흔들기인가? 어쨌든 이치로가 또 한 방 먹었다. 싸우기도 전에 이치로는 공격당하고 있었다.

のむら かつや
Katsuya Nomura
1935~

승리하는 시나리오를 짜다

원인 없는 결과는 없다. 우연도 작은 필연들이 모여 만들어진다. 노무라의 병법은 자신에게 유리한 방향으로 판을 짜는 것으로 시작한다.

노무라는 모든 승부를 미리 계획했다. 1회 투수가 처음 던지는 공부터 최선책과 차선책을 준비했다. 바둑에서 처음 놓는 돌이 중요하듯 야구는 첫 승부가 중요하고, 승부의 첫 단추를 어떻게 꿰는지가 승패를 결정하기 때문이다. 노무라는 1회 초구부터 시작해 한 경기, 한 달, 한 시즌의 계획을 세웠다.

모든 계획이 맞아떨어질 수는 없다. 그러나 탄탄한 시나리오가 있다면 돌발 상황에 어느 정도 대비할 수 있다. 이기기 위해 준비하는 과정은 그 자체로 공부가 된다. 싸우기 전에 반드시 계획해야 한다.

노무라는 분석을 거듭한 끝에 이치로 공략법을 찾았다. 그에 따른 자신감으로 득의양양하게 말싸움을 시작한 것이다. 말싸움을 거는 게 노무라가 할 수 있는 전부인 것처럼 보였지만 사실 그게 아니었다.

노무라는 시리즈를 한 달 앞두고부터 이치로에 대한 정보를 수집했다. 유무형의 온갖 정보를 수집한 결과 흥미로운 사실 하나를 발견했다. 이치로가 1994년 지바 롯데 마린스를 상대로 타율 0.443를 기록했지만 이듬해 타율이 0.304로 떨어진 것을 알아낸 것이다. 지바 롯데 투수들의 구성이 거의 그대로인 것을 감안하면 상당한 차이였다.

1995년 지바 롯데로 부임한 오바나 다카오 투수코치가 열쇠를 쥐고 있었다. 오바나 코치는 야쿠르트 투수 출신으로 현역 시절부터 분석 야구의 우등생이었다. 노무라 감독은 옛 제자 오바나 코치의 데이터를 활용해 '이치로 공략법'을 완성했다.

보통 타자들은 공에 맞을지 모른다는 두려움 때문에 얼굴에 가까운, 몸 쪽 높은 공을 가장 까다로워한다. 또 배트가 닿기 어려운 바깥쪽 낮은 코스를 공략하는 데도 애를 먹는다. 이치로는 반대였다. 특유의 허리 회전력을 이용해 몸 쪽 공을 기가 막히게 잘 쳐냈다. 다만 높은 코스보다는 몸 쪽 낮은 공에 약했다. 또 바깥쪽 낮은 공은 배트를 던지듯 휘둘러 제법 높은 타율을 기록했다. 오히려 바깥쪽 높은 코스에 약점을 보였다. 물론 바깥쪽이라도 스트라이크존으로 들어오는 공은 기막힌 배트 컨트롤로 어떻게든 때려냈다. 이치로를 잡으려면 스트라이크가 아닌 볼을 던져야 했다. 그것도 공을 잘 보는 이치로를 속일 수 있는 볼을.

노무라는 경기 전 심리 싸움을 통해 이치로를 잔뜩 흥분하게 만들었다. 의욕이 지나치면 이치로가 바깥쪽 먼 공에도 쉽게 방망이를 휘두를 것으로 믿었다. 실제로 이치로는 '내가 뭔가를 보여줘야 한다'는 압박감 탓에 높은 공에 어이없는 헛스윙을 했다.

노무라 감독은 경기 전 미팅을 통해 이치로 공략법을 투수, 포수는 물론 야수들과 공유했다. 목적이 분명한 공을 던지고 그에 맞게 수비 위치를 정교하게 조정하는 것까지, 그라운드의 아홉 선수 모두가 참여해야 완성되는 시나리오였다.

야쿠르트의 테리 브로스와 야마베 요시이는 빠른 공으로 승부하는 투수다. 노무라는 이들에게 "이치로를 공략할 완벽한 코스로 공을 던지겠다는 생각에 짓눌리지 마라. 그러면 오히려 공에 힘이 떨어진다. 너희들은 강한 공을 던지는 게 우선"이라고 당부했다. 반면 이토 아키미쓰 등 제구력이 좋은 투수에겐 빠른 공보다는 조금 더 정확한 공을 던질 것을 요구했다. 적군의 단점을 공략하는 데 매몰돼 아군의 장점을 잃는 건 바보 같은 짓이라고 판단해서였다.

10월 21일 고베에서 일본시리즈 1차전이 열렸다. 야쿠르트 선발 투수 브로스는 강하고 빠른 공을 줄기차게 던졌다. 장타를 얻어맞지 않기 위해 투수는 되도록 낮은 공을 던지려 한다. 그러나 파워에 자신 있는 브로스는 이치로 눈높이의 공을 계속 뿌려댔다. 결정구는 언제나 바깥쪽 높은 공이었다.

1회 이치로의 첫 타석. 초구는 몸 쪽으로 꽉 차게 들어왔다. 어린 선수가 이렇게 큰 경기에서 첫 타석부터 초구를 공략하기는 어려울 것으로 노무라는 예상했다. 그래서 결정구인 바깥쪽 높은 공과 정반대의 공을 먼저 던진 것이다. 이치로는 움찔했을 뿐 방망이를 돌리지 않았다.

3회 두 번째 타석. 야쿠르트 포수 후루타 아쓰야가 스승인 노무라의 마음을 정확히 읽고 전략을 썼다. 첫 번째 공으로 변화구를 선택했다. 이치로는 이번에도 치지 않았다. 이치로의 머릿속에서 첫 타석 초구(몸 쪽 직구)와 이번 타석 초구(변화구)의 잔상이 떠나지 않았을 터다. 투수 브로스와 포수 후루타는 다음 공부터 6개의 투구를 모두 직구로만 선택했다. 같은 구종을 이만큼 연속으로 던지는 건 파격이다. 이치로는 설마설마하면서 직구를 제대로 공략하지 못했다. 풀카운트에서 이치로가 휘두른 방망이는 허공을 갈랐다. 헛스윙 삼진. 배트가 닿지 않는 바깥쪽 높은 코스의 힘찬 직구였다.

7회 마지막 타석에서 이치로는 중전안타를 때려냈다. 잘 맞은 타구가 아니었지만 행운의 안타가 됐다. 7회까지의 스코어는 3대 2로 야쿠르트가 앞선 상황. 야쿠르트는 8회 오노 유지의 투런 홈런으로 승리를 매조졌다. 3시간의 전투가 끝나자 이치로는 고개를 떨궜다. 4타수 1안타. 그의 활약은 기대에 미치지 못했다. 오릭스는 야쿠르트에 2대 5로 졌다.

경기 후 이치로에게 기자들이 몰려들었다. 이치로는 입을 떼지 못했다. 반면 야쿠르트의 포수 후루타는 어깨를 쫙 펴고 인터뷰를 했다.

"오늘 브로스의 컨디션이 썩 좋지 않았습니다. 다음 등판이 더 기대됩니다."

후루타는 오릭스 타선을 2점으로 막은 승리투수를 칭찬하지 않았다. 브로스가 충분히 좋은 투구를 했지만 자화자찬은 야쿠르트 숙소에 돌아가서 하면 된다. 그보다는 오릭스를 한 번 더 자극하는 것이 더 중요했다. 후루타의 말투는 포수 출신의 스승인 노무라와 많이 닮았다.

노무라 감독은 "1차전을 잘 치렀다. 예정대로 이치로를 공략했다. 한 경기를 이겼다고 해서 승기를 잡은 건 아니지만 이길 수 있는 힌트는 확실히 얻었다"고 말했다.

일본시리즈 2차전이 열린 10월 22일은 이치로의 생일이었다. 경기 전 라커룸에는 팬들이 보낸 선물이 200개도 넘게 쌓여 있었다. 본인의 생일이었지만 이치로는 찰나의 미소도 흘리지 않았다. 사투를 앞둔 군인처럼 이를 꽉 깨물고 있었다.

이치로는 1회 첫 타석에서 야쿠르트 선발투수 이시이 가즈히사에게 생일선물을 받았다. 몸통에 사구(死球, 몸 맞는 공)를 얻어맞은 것이다. 이치로는 고통을 호소하며 1루로 걸어 나갔다. 이시이가 일부러 이치로의 몸을 겨냥해 강속구를 던졌는지, 아니면 몸 쪽 코스를 노리다가 실수를 저질렀는지는 정확히 알 수 없다. 다만 이치로의 신경을 건드리기 위한 공 배합인 것만은 분명했다.

의표를 찔리고 공에 얻어맞기까지 한 이치로의 심리는 완전히 무너졌다. 이치로는 다음 세 타석에서 안타를 때리지 못했고, 오릭스는 2대 3으로 또 졌다. 연장 11회까지 가는 접전이 펼쳐지다가 야쿠르트의 토마스 오말리의 결승 홈런이 터졌다. 오릭스 타선의 핵인 이치로는 이틀 동안 아무것도 하지 못했다.

"완패입니다. 내 기술이 부족해서입니다."

이치로는 한마디만 남긴 채 경기장을 빠져나갔다. 고개를 떨군 모습이 그답지 않았다. 두 경기 동안 빗맞은 안타 한 개만을 때리는 데 그치자 자신감이 뚝 떨어져 있었다.

게다가 일본시리즈 전부터 노무라 감독이 타석을 벗어나는 타법을 문제 삼고 있었다. 그것을 의식하느라 이치로의 스윙은 조금씩 무뎌졌다. 이치로의 작은 틈은 점차 커다란 약점이 되고 있었다.

7전 4승제의 일본시리즈에서 야쿠르트가 1, 2차전을 모두 이겼으니 우승까지 8부 능선을 넘은 셈이다. 전년도까지 1, 2차전에서 연승한 팀의 일본시리즈 우승 확률은 89%에 달했다. 그래도 노무라는 방심하지 않았다. 돌다리를 두드려본 뒤 이를 믿지 못해서 철교를 놓고 건너는 인물이 노무라다.

"경기가 잘 풀리고 있다. 최상이다. 그러나 긴장감은 잃지 않아야 한다. 이겼다고 생각하는 순간, 위기가 찾아온다. 상대는 반드시 대책을 마련해 올 것이다. 때린 사람은 잊어도 맞은 사람은 잊지 못하는 법이니까."

백전노장다운 신중함과 냉정함이 드러난 말이었다.

도쿄에서 치러진 시리즈 3차전은 연장 10회까지 가는 접전이었다. 3차전에 나선 이치로는 타격감을 조금씩 회복하는 것 같았다. 속수무책으로 당하고 있을 그가 아니었다. 이를 눈치챈 후루타가 그를 또 흔들기 시작한다. 4회 두 번째 타석에서 "이치로가 타석의 라인을 지우고 타격한다"며 심판에게 어필했다. 심판은 이를 받아들여 이치로에게 경고를 줬다. 두 번째 심리전을 시작한 것이다.

이치로는 1, 2차전에서 의외의 공 배합과 몸 맞는 공 때문에 신경이 곤두서 있었다. 그러면서도 야쿠르트가 자신의 타격 자세를 언제 트집 잡을지 몰랐다. '타격 자세 얘기는 그저 엄포용이었나'라며 안심할 즈음 후루타가 나선 것이다.

0대 1로 뒤진 5회, 세 번째 타석에서 이치로는 홈런에 가까운 큼지막한 희생플라이를 때려내 동점을 만들었다. 야쿠르트가 1점을 달아난 7회 1사 2·3루에서 이치로가 다시 타석에 서자 후루타는 고의 볼넷을 지시해 정면 승부를 피했다. 이제 이치로가 반격할 차례임을 직감한 것이다. 타격감이 살아난 상대에게 무리해서 싸움을 걸지 않는 것 또한 전략이다.

이치로를 거른 야쿠르트는 1사 만루 위기에 몰려 3점을 줬다. 2대 4로 뒤지긴 했지만 같은 점수를 주더라도 이치로에 얻어맞는 것보다는 다른 선수에게 적시타를 허용하는 편이 야쿠르트 입장에서는 낫다. 이치로가 살아나면 오릭스 전체가 활력을 되찾을 가능성이 높기 때문이다. 노무라의 뜻대로 야쿠르트는 결국 8회와 9회 1점씩을 추가했고, 연장으로 승부를 끌고 갔다. 결국 야쿠르트의 마무리 투수 다카쓰 신고의 2이닝 무실점 역투와 이케야마 다카히로의 끝내기 3점 홈런으로 야쿠르트는 오릭스를 또다시 이겼다. 최종 스코어 7대 4.

야쿠르트는 4차전을 내줬다. 그래도 남은 3경기 중 하나만 잡으면 된다. 반면 오릭스는 3경기를 모두 이겨야 우승을 차지할 수 있었다. 이치로가 시리즈 들어 첫 홈런을 때려낸 건 10월 26일 5차전이 되어서였다. 야쿠르트로 넘어간 흐름을 되돌리기에는 늦어도 너무 늦은 홈런이었다. 노무라 감독은 1993년에 이어 야쿠르트에서 두 번째 시리즈 우승을 이끌었다. 이번 시리즈는 그의 각본대로 진행됐다. 일본 최고의 명포수 노무라가 감독으로서도 성공 시대를 연 것이다.

のむら かつや
Katsuya Nomura
1935~

절대 강자를 이긴
생각하는 야구

짧지만 긴 승부에서 노무라가 이겼다.

노무라는 야구를 연구의 영역으로 끌어들인 일본 최초의 인물이다. 그라운드에서 일어나는 모든 현상의 원인과 결과를 따졌다. 객관적인 데이터를 이용해 합리적인 결과를 도출해냈다. 이른바 'ID 야구(Import Data, 야구에 필요한 데이터를 모아 중요한 정보를 뽑고 가공해 사용하는 것)'다. ID 야구를 가장 극적으로, 그리고 성공적으로 펼쳐낸 무대가 이치로와 싸운 1995년 일본시리즈다.

노무라 이전의 일본 야구는 미국 야구를 이기고 싶은 열망으로만 가득했다. 그러나 힘과 기술이 모자라 이길 수 없었다. 강자와 똑같은 방법으로는 강자와 맞설 수 없다는 사실에 괴로워했다. 노무라가 ID 야구를 설파한 1990년대 이후 일본 야구는 새로운 길을 발견했다. 연구하고 분석해서 상대의 작은 틈을 파고드는 야구가 큰 흐름으로 자리 잡았다. 그리하여 공부하지 않으면 이길 수 없게 됐다. 그런 과정을 거쳐 일본 야구는 2006년과 2009년 WBC에서 미국을 꺾고 우승을 차지했다. 이것만으로 일본이 미국을 이겼다고 단정할 수는 없지만 일본 나름의 색깔과 경쟁력을 갖게 된 것은 분명하다.

그 중심에 노무라가 있었다. 그는 생각하는 야구를 구현하고 저서를 통해 노하우를 공개했다. 상대가 그를 따라잡으려 하면 그는 새로운 방법을 연구해 더 멀리 달아났다. 그러면서 일본 야구는 더 단단해졌다. 분석 야구에서 그는 일본 최고였다. 야구의 가장 꼭대기에 있었다. 우리 식으로 표현하면, 노무라는 일본의 야신(野神, 야구의 신)이다.

"생각하는 야구가 생각하지 않는 야구에 질 이유가 없다."

노무라는 관습, 타성, 습관 등을 싫어했다. 하던 대로 하고, 남들처럼 한다면 이길 수 없기 때문이었다. 달리 생각하고, 새롭게 준비하고, 과감하게 실행하는 것이 약자가 강해질 수 있는 길이라고 노무라는 생각했다.

누구나 이기고 싶다. 누구나 강해지고 싶다. 이를 위해 누구나 생각하고, 누구나 연구한다. 노무라가 강한 이유는 남들보다 더 생각하고, 남들이 생각하지 않는 부분을 찾아 연구하는 데 있다.

계획을 완벽하게 세웠다고 하더라도 계획대로 착착 진행되는 일은 하나도 없다. 야구에서도 모든 계획은 조금씩 어긋나고 빗나간다. 강한 공을 던지면 알고도 못 친다. 반대로 운이 좋으면 빗맞은 타구도 안타가 되는 게 야구다.

그래서 노무라는 더욱 치밀하게 계획하고 열심히 준비했다. 1안이 실패했을 경우 2안을 꺼내고, 2안이 막히면 3안을 시도하기 위해서 준비하는 것이다.

단단한 계획을 세운 다음엔 유연한 대처가 필요하다. 시시각각 변하는 상황에 따라 새로운 전략을 재빨리 내놔야 한다. 노무라가 경기에 앞서 심리전을 펼치고, 바깥쪽 높은 코스를 찌르는 공 배합을 한 것은 미리 준비한 것이다. 몸 쪽 위협구를 던지도록 지시한 것까지도 계산된 전략이었다.

이치로가 3차전 이후 조금씩 살아나자 노무라는 대책을 재빠르게 내놨다. 노무라의 분신인 포수 후루타는 이치로의 타격 자세를 지적했고, 공 배합을 바꾸며 역습에 나섰다. 타석에서 이치로의 순간적인 움직임을 간파한 덕분에 적용할 수 있었던 전략이다. 충분히 연구한 덕에 승리로 가는 길을 여러 개 만든 것이다.

최단거리로 진격하다가 막히면 옆길로 새고, 뒷길로 돌아가도록 전략을 짠 것이다. 이기기 위해서는 힘으로 싸우는 정법(正法)과 기교를 앞세우는 기법(技法) 모두가 필요하기 때문이다.

첫째, 꼭 봉쇄해야 할 선수와 그렇지 않은 선수를 골라낼 수 있다면 이길 수 있다.

둘째, 전력의 부족한 부분을 정확히 안다면 이길 수 있다.

셋째, 스태프와 선수들, 선배와 후배가 단결하면 이길 수 있다.

넷째, 미리 생각하고 상대를 기다리면 생각하지 않은 상대를 이길 수 있다.

다섯째, 감독이 유능하고 구단이 감독을 지지하면 이길 수 있다.

다섯 가지 대원칙 아래 노무라는 세부 전략을 짰다. 여기에 '생각하는 야구'의 요체가 숨어 있다. 야쿠르트 선수들은 이치로를 공적으로 삼고 단결해 싸웠다. 노무라는 팀이 하나로 뭉쳐 상대를 이길 수 있도록 교육을 실시했다. 그 결과 야쿠르트는 노무라 감독 재임 기간인 1990년부터 8년 동안 총 세 차례나 일본시리즈 정상에 올랐다. 1950년 창단한 야쿠르트가 60여 년 동안 다섯 차례만 일본시리즈 우승을 한 걸 감안하면 노무라 시대의 야쿠르트가 얼마나 강했는지 알 수 있다.

Chapter **2**

0에서 출발

노무라는 빈손으로 시작했다.

손에 쥔 건 없었지만 가슴은 열망으로 가득했다.

그는 남들보다 몇 발 뒤에서 출발했지만 대신 방향을 명확하게 잡았다.

그리고 맹렬하게 뛰었다. 어느 순간부터는 남들이 그의 뒤를 보고 쫓았다.

のむら かつや

Katsuya Nomura

1935~

속도보다
방향이 중요하다

노무라가 처음 감독이 된 건 1970년 난카이 호크스에서다. 당시 나이 35세. 그로부터 8년간 '선수 겸 감독'이라는 일본 야구 역사상 유례없는 시절을 거쳤다. 45세의 나이로 현역에서 은퇴한 이후 프로 무대를 떠나 9년간 야인 시절을 보낸 그는 야쿠르트 스왈로스(1990~1998년), 한신 타이거즈(1999~2001년), 라쿠텐 골든 이글스(2006~2009년)에서 감독을 지냈다.

노무라가 맡은 팀들은 하나같이 최하위에서 허덕대고 있었다. 일본 퍼시픽리그 명문 팀이었던 난카이는 창단 후 처음으로 1969년 최하위까지 추락했다. 노무라가 선수 은퇴 후 긴 공백을 깨고 야쿠르트 사령탑에 오른 해가 1990년이다. 당시 야쿠르트는 도쿄를 함께 연고지로 쓰는 일본 최고 명문 요미우리 자이언츠에 대한 열등감에서 벗어나지 못했다. 한신은 1985년 첫 일본시리즈 우승을 차지한 뒤 끝없이 추락한 끝에 '종이호랑이'라고 놀림을 받던 터였다. 라쿠텐은 2005년 창단 후 기록적인 패배를 이어가고 있었다.

노무라는 모두가 좋아하는 호인이 아니었다. 그러나 시대가 바뀌어도 그를 필요로 하는 팀은 항상 있었다. 특히 위기에 빠지거나 체질이 허약한 구단은 어김없이 그를 떠올렸고, 그에게 지휘봉을 맡겼다. 노무라만큼 꼴찌 팀을 많이 맡은 감독은 국가와 종목을 초월해도 매우 드물다. 한국의 김성근 감독이 태평양, 쌍방울, 한화 등 하위 팀 지휘봉을 잡은 것과 비교할 수 있다.

노무라가 대답하기 가장 난처해하는 질문이 있다.

"왜 최하위 팀만 당신에게 감독직을 제안하는 겁니까?"

그는 이런 말을 들을 때마다 묘한 미소를 지었다.

"그게 내가 태어난 이유가 아닐까?"

그가 강팀을 지휘했다면 더 많은 승리와 영광을 맛봤을 것이다. 그러나 노무라의 운명은 그걸 허락하지 않았다. 모자란 재능과 열악한 환경을 극복하고 0에서부터 하나하나 채워가는 것, 그게 노무라가 살아온 방식이었다. 노무라는 0에서 1을 이끌어내는 과정을 좋아했고, 1을 2로 만드는 방법을 연구했다. 이는 노무라 야구, 노무라 경영의 출발점이다.

노무라의 유년기와 청년기 역시 0이었다. 그 시절엔 풍족하게 어린 시절을 보낸 이가 드물었다지만 그는 가난해도 너무 가난했다.

노무라는 1935년 교토의 해안가 마을에서 태어났다. 작은 식품점을 운영하던 집안이었다. 노무라가 세 살이 되던 해, 아버지는 징병되어 중국 만주에서 전사했다. 그에게 아버지에 대한 추억은 없다. 홀어머니가 두 아들을 아주 고생스럽게 키운 나날들만 기억할 뿐이다. 어머니는 식품점 일을 보며 조산사로도 일했다.

노무라가 열한 살 때 어머니마저 직장암에 걸려 가세는 더욱 기울었다. 서랍에 있던 어머니 기모노가 하나하나 없어지더니 어느 날 서랍이 사라졌다. 경대가 보이지 않더니 장롱도 내다 팔았다. 작은 집은 어느새 세간 없이 텅 비어버렸다. 노무라는 어떻게든 어머니를 편안하게 해드리고 싶었다. 그 마음이 노무라의 마음속에 자리 잡은 집념의 출발점이다.

노무라의 형 요시아키가 소학교 6학년, 노무라가 3학년 때 신문 배달을 시작했다. 한 구역을 담당하면 매월 500엔을 받았다. 덕분에 그럭저럭 생계를 꾸릴 수 있었다. 신문 배달은 중학생이 되어서도 계속했다. 요시아키가 고등학교에 진학해 통학 거리가 멀어지면서 신문 배달은 노무라 혼자 하게 됐다. 중학생 막내가 가장이 된 셈이다. 하루하루가 힘겨웠던 노무라는 다짐했다.

"가난은 정말 싫어. 꼭 부자가 될 거야."

그의 가슴속에서 열망이 불타올랐다. 현실을 극복하고 싶은 마음, 지금보다 나은 미래를 갖고 싶은 마음이었다. 이것이 노무라의 에너지였다. 노무라를 평생 공부하고 땀 흘리고 쉬지 않게 한 원동력이었다. 젊은 시절 최고의 자산은 얼마간의 돈이나 재능이 아니다. 열정이다.

노무라가 어린 시절을 회상할 때 자주 등장하는 표현이 있다. 해변에 피는 가련한 꽃, 달맞이꽃이다. 달맞이꽃이 핀 공터는 가난한 사람들도 버린 땅이었다. 노무라 가족은 그곳을 일구어 작은 밭을 만들고 고구마를 심었다. 낮에는 볏짚을 씌워 빛을 가리고 밤에는 그걸 치워두는 일을 반복했다. 그런 고생을 해봐야 엄지손가락만 한 고구마를 얻을 뿐이지만 노무라 가족에게는 더없이 소중한 식량이었다.

낮엔 몸을 피하다가 달빛 아래서야 피는 달맞이꽃은 노무라 가족의 고단한 삶을 묵묵히 지켜봤다. 노무라는 자신을 달맞이꽃에 이입했다. 열망은 있으나 세상 밖으로 나오지 못한 자신이 달맞이꽃을 닮았다고 생각한 것이다. 훗날 그는 "오 사다하루와 나가시마 시게오는 해바라기, 나는 그 아래 조용히 핀 달맞이꽃"이라고 말했다. 누구 못잖은 성과를 내고도 스포트라이트를 받지 못한 서운함을 달맞이꽃에 비유해서 표현한 것이다.

노무라는 중학교 때 본격적으로 야구를 시작했다. 운동에 소질이 있었던 건 사실이지만 그때만 해도 프로 선수가 되겠다는 꿈을 키우진 않았다. TV가 많이 보급되지 않았던 때라 프로야구를 볼 기회가 없었고, 프로 선수가 되려면 고등학교에 진학해서 고시엔 대회(일본 전국고교야구선수권대회)에 출전해 좋은 성적을 내야 하는데 노무라 가족은 명문고 가까이로 이사할 형편이 되지 못했다.

노무라와 달리 형 요시아키는 모범생이었다. 밤새워 공부하고 새

벽에는 일까지 했다. 말리지 않으면 몸이 상할 정도였다. 어머니는 노무라에게 "너는 중학교 졸업 후 직업을 가졌으면 좋겠다"고 했다. 고등학교를 다니던 요시아키를 뒷바라지하기도 힘들었기 때문이다. 그러자 형이 나섰다.

"어머니, 제가 대학 진학을 포기할게요. 제가 일을 할 테니 노무라는 어떻게 해서든 고등학교에 보냈으면 합니다. 앞으로는 고등학교를 졸업하지 못하면 사회인으로 역할을 하지 못할 것 같아요."

형은 가고 싶은 길을 멈췄다. 대신 동생에게 새 길을 열어줬다. 훗날 노무라는 "내가 야구를 할 수 있는 건 순전히 형 덕분이다. 아무도 몰라주던 내 재능을 형이 먼저 발견했다"며 수없이 감사를 전했다.

노무라는 미네야 고등학교에 진학한 뒤 야구를 더 좋아하게 됐다. 좋아하는 운동을 하니 실력이 꽤 빨리 늘었다. 그러나 고시엔 대회에 출전하기엔 기량이 너무 떨어졌다. 미네야 고등학교는 대회 예선 1회전에서 탈락했다. 몇몇 사람들은 "노무라는 눈여겨볼 만하다"고들 얘기했지만 수천 개 고교 야구팀이 있는 일본에서 그 정도 칭찬을 받는 고교생은 한둘이 아니다. 천재와 괴물이 넘쳐나는데 그저 '눈여겨볼 만한 선수'라는 평가는 대단치 않은 것이었다.

그런데 노무라를 눈여겨본 한 교사가 나섰다. 그는 일면식도 없는 난카이의 쓰루오카 가즈토 감독에게 편지를 보냈다. "우리 학교에 노무라라고 하는 좋은 선수가 있습니다. 꼭 오셔서 감독님 눈으로 직접 확인해주셨으면 합니다."

놀랍게도 쓰루오카 감독은 그 편지를 받고 미네야 고등학교의 고시엔 대회 예선경기를 보러 왔다. 얼마 후 노무라 집으로 쓰루오카 감독이 보낸 엽서 한 통이 배달됐다.

"노무라를 프로에 보내고 싶다면 고시엔 대회 본선에 출전할 수 있는 명문 고등학교로 전학시켜야 합니다."

가까운 학교도 겨우 보내는 집안 형편에 전학은 언감생심이었다. 다만 노무라는 엽서를 받고 자신이 프로에 입단할 수도 있겠다는 희망을 품을 수 있었다. 희망, 그것 하나를 얻은 것으로 충분했다. 엽서에 적힌 주소로 구단에 연락을 해본 노무라는 그해 11월에 오사카 구장에서 난카이 구단이 입단 테스트를 연다는 정보를 얻었다.

이후 노무라는 프로 선수가 되는 것만을 생각했다. 당시 그는 프로에 입단할 실력을 갖추지 못했다. 그렇다고 지레 포기하지 않았다. 프로 선수가 될 수 있느냐 없느냐를 따지는 건 노무라에게는 사치스러운 고민이었다. 가난에서 벗어나기 위해서는 그 길밖에 없었고, 길을 정한 이상 전진해야 했다.

예나 지금이나 프로 구단은 지명 절차를 통해 우수한 신인들을 영입한다. 정해진 순번에 따라 구단이 마음에 드는 신인을 뽑는 것이다. 지명 절차와는 별개로 열리는 구단의 입단 테스트는 혹시나 있을지 모를 '흙 속의 진주'를 찾는 과정이다. 지명을 받은 선수도 1군 무대에 오르기 어려운데, 테스트를 거쳐 들어온 선수가 주전으로 뛰는 건 개천에서 용 나는 격이다. 하지만 노무라에게는 그 입단 테스트조차 다시는 찾아오지 않을 소중한 기회였다.

난카이는 신인 스카우트에 많은 돈을 투자하지 않았다. 몸값 낮은 선수들을 2군에서 키워 1군 전력으로 활용하는 것이 구단 방침이었다. 당시 난카이의 주전 포수는 서른한 살이었다. 당시에는 꽤 노장 축에 속하는 나이였다. 계산이 섰다. 난카이, 거기다 포수 포지션은 이른 시일 내에 1군에 오를 수 있는 최적의 선택이었다. 노무라는 신문 배달을 하며 구단 관련 기사들을 틈틈이 읽고 필요한 정보를 모았다. 그의 첫 번째 정보전이었다.

입단 테스트에는 300명 정도가 몰려들었다. 명문 야구부의 유명 선수들도 꽤 있었다. 불가능할 것으로 생각했는데 노무라는 7명 합격자 안에 들었다. 그 가운데 노무라를 포함해 포수가 4명이었다. 그들이 정식 선수가 아닌 불펜포수(투수의 공을 받아주는 보조 역할)로 뽑혔다는 사실은 나중에야 알았다.

어쨌든 좋았다. 불펜포수라 해도 기회는 주어진 것이다. 다른 3명과의 경쟁에서 이기기만 한다면 1군에서 뛸 희망이 희미하게나마 보인다. 노무라는 그 후 50년이 지나서도 경쟁자들의 이름과 출신지는 물론 사소한 버릇까지도 똑똑히 기억했다. 그만큼 그들을 이기고 싶었고, 그러기 위해서는 상대를 의식하고 연구하는 일이 간절하게 필요했던 것이다.

난카이 숙소는 '헝그리 정신'을 배양하기에 최적이었다. 세 명이 함께 쓰는 방에는 창문조차 없었다. 처량한 백열등 하나만 희미하게 빛을 내고 있었다. 열악한 환경도 환경이지만 그보다는 선배들 때문에 힘든 일이 많았다.

"너희들은 벽이다. 그저 불펜포수다."

주전 선수가 될 생각은 꿈도 꾸지 말라는 말이다. 그저 벽처럼 던지는 공이나 받아내라, 혹은 막아내라는 얘기였다. 테스트로 들어온 사람 중에서 1군에 바로 올라간 선수는 하나도 없었다고 으름장을 놓기도 했다. 그건 맞는 말이었다. 불펜포수들은 3년쯤 지나면 대부분 해고된다. 1~2년 더 버틸 수 있다고 해도 스스로 그만두곤 했다.

노무라 역시 마음이 약해져서 그만두고 싶을 때가 많았다. 나이가 더 들면 야구가 아닌 다른 일을 시작하기 힘든 탓이었다. 그럴 때마다 고향 생각을 했다. 그곳에서는 노무라가 대단한 출세라도 한 줄 알았다. 마을이 생긴 뒤 프로 구단에 입단한 건 그가 처음이었기 때문이다. 어머니는 영문도 모르는 축하를 받았고, 은행에서는 노무라가 큰돈이라도 버는 줄 알고 예금을 권유하기도 했다.

연습생 노무라의 월급은 7000엔이었다. 그중 1000엔을 어머니에게 보냈다. "고향 사람들은 내가 돈을 많이 버는 줄 아니까 월급이 7000엔이라는 건 비밀로 해주세요"라는 당부와 함께였다. 훗날 노무라의 어머니는 "나중에 네가 수십만 엔을 보내준 것보다 7000엔에서 떼어낸 1000엔을 보낸 게 훨씬 더 고마웠다"고 말했다.

뛰어난 재능이나 좋은 환경을 갖추지 못한 사람에게는 기회가 자주 오지 않는다. 약자에게는 기회의 평등조차 주어지지 않는 게 비정한 현실이다. 그렇다고 평생 기회를 얻지 못하는 사람은 없다. 작은 기회를 놓치지 않는다면 다음엔 큰 기회를 얻을 수 있다. 실력과 평판이 일정 수준에 이르면 여러 기회 가운데 선택을 해야 하는 순간도 온다. 강한 신념과 독한 노력은 노무라에게 끊임없이 기회를 가져다줬다.

남보다 뒤처질 수 있다. 어쩌면 빈손으로 출발할 수도 있다. 뛰다가 넘어져 무릎이 깨질지도 모른다. 그렇다고 출발하지 않으면 안 된다. 작은 기회에 감사해야 한다. 뛰다 보면 다른 기회를 얻을 수도 있기 때문이다.

のむら かつや
Katsuya Nomura
1935~

주변에서 무기를 찾아라

남들보다 빨리 뛸 수 없다면 최단거리를 찾아야 한다. 남들보다 힘이 세지 않다면 다른 방법으로 이겨야 한다. 평범한 사람은 그래야 강해질 수 있다고 노무라는 믿었다.

실패에는 두 가지가 있다. 하나는 어떠한 의미도 없는 완전한 실패, 다른 하나는 훗날 거울이 되는 실패다. 완전한 실패는 잘못된 노력에서 비롯된다.

차라리 하지 않은 것보다 못한 노력이 있다. 틀린 방법과 틀린 자세로 훈련하면 나쁜 버릇이 생긴다. 나중에 이를 고치기 위해서는 처음 쏟은 노력의 두 배를 들여도 모자라다. 많은 이들이 "노력하는 자체가 중요하지 않은가?"라고 되묻는다. 천만의 말씀이다. 방향성 없는 노력은 자기만족 이상의 의미를 갖지 못한다는 게 노무라의 주장이다.

노무라는 테스트생 신분으로 프로에 입단했지만 유니폼을 입은 이상 정식 선수가 될 가능성이 전혀 없는 건 아니었다.

"남들보다 세 배, 네 배 노력하자."

노무라는 그렇게 각오했다. 어떻게든 경쟁자들보다 잘해야 했고, 눈에 띄어야 했다. 노무라는 노력의 양만큼이나 노력의 방향에 대해 고민했다. 경쟁자들과 같은 방법으로 노력해서는 그들을 이길 자신이 없었다. 그라운드에서 치르는 팀 훈련은 누구나 똑같이 한다. 그렇다면 그라운드 밖에서는 남들과 다른 훈련을 해야 했다.

투수를 잘 이끄는 포수가 좋은 포수라는 건 누구나 다 안다. 투수리드가 좋아지려면 많은 실전 경험이 필요하다. 그건 노무라가 아무리 노력해도 당장은 얻어낼 수 없는 것이었다. 먼저 어떻게든 작은 기회라도 잡아야 했다.

스무 살 노무라는 틈새를 파고들기 위해 고민하고 또 고민했다. 당시는 포수의 다른 능력보다 공을 잘 받는 기능을 우선시하던 때였다. 포수의 타격은 후순위로 밀려 있었다. 당시 난카이 주전 포수 마쓰이의 방망이는 형편없었다. 노무라는 힘찬 스윙을 보여주면 감독의 눈에 들 수 있다고 생각했다. 힘찬 타격을 하는 것, 그게 노무라의 첫째 전략이었다.

1950년대에는 프로 구단에도 운동기구가 없었다. 파워를 키우고 싶은 노무라에게는 근력운동이 꼭 필요했다. 숙소 식당에서 우연히 빈 병 하나를 발견했다. 노무라는 배식하는 아주머니에게 병을 얻어 그 안에 모래를 가득 채웠다. 그런 다음 테이프를 감아 손잡이를 만들었다. 이렇게 만든 기구는 900g 무게의 배트보다 더 무거웠다. 노무라는 방망이를 휘두르듯 병으로 스윙했다. 배트보다 더 무거운 것을 휘두르면 손목 힘이 좋아질 것 같았다.

키는 노력으로 커지게 할 수 없지만 힘은 노력하기에 따라 세질 수 있다. 힘이 세지면 감독과 코치가 달리 봐줄 것으로 노무라는 기대했다. 역기를 들기로 결심했다.

당시 야구 선수들에게 웨이트트레이닝은 금기였다. 힘이 세지는 건 좋지만 근육이 커지면 순발력이 떨어진다고 믿었다. 야구에 필요한 근육은 야구를 하면서 만들어진다고 생각했다. 한국에서도 1990년대 말이 돼서야 본격적으로 웨이트트레이닝이 시작됐으니 당시 일본 선수들이 그렇게 생각한 것도 무리는 아니었다.

노무라는 역기를 들고 배트를 휘두르고 다시 역기를 들었다. 원시적 웨이트트레이닝을 개발해 실험한 것이다. 남들이 하지 않는 방법으로 훈련해야 그들을 이길 기회가 있다고 믿었다. 손바닥에 굳은살이 생기고, 그걸 벗겨내면 그 위에 다시 굳은살이 생겼다. 자기 전에 면도칼로 굳은살을 도려내는 것이 중요한 일과였다. 그러자 힘이 붙는 느낌을 받았다. 파워가 세지자 스윙을 자유자재로 할 수 있었다. 무엇보다 어깨 근력이 강해져 송구 능력이 좋아진 것이 큰 수확이었다. 포수로서 어깨가 약했던 노무라에게 빈 병 트레이닝은 중요한 전환점이었다. 남들은 역기를 드는 것을 두려워했지만 노무라는 두려워하지 않았다. 젊은 덕분이었다. 젊은 시절엔 시간 말고는 잃을 게 별로 없다.

이듬해인 1955년. 미국 메이저리그 최고 명문 팀 뉴욕 양키스가 일본을 방문했다. 미키 맨틀, 요기 베라 등 전설적인 타자들을 볼 수 있는 기회였다. 당시 메이저리그와 일본 야구의 격차는 지금보다 훨씬 컸다. 양키스는 일본 팀과 16차례 친선경기를 벌여 15승 1무를 기록했다. 그토록 놀라운 메이저리그 야구를 접할 기회를 노무라가 놓칠 리 없었다.

그는 메이저리거의 파워에 탄복했다. 어마어마하게 두꺼운 팔로 스윙하면 타구가 까마득히 멀리 날아갔다. 꿈같은 야구였다. 메이저리거를 보고 충격을 받은 노무라가 할 수 있는 현실적인 노력은 그저 훈련을 열심히 하는 것뿐이었다. 차이점은 있었다. 예전에는 막연하게 운동을 반복했지만, 이후에는 목적의식을 갖게 됐다는 것이었다.

우직한 노력도 의미 있다. 다만 방향성 없이 달리는 제자리걸음이 아닌지 끊임없이 점검해야 한다. 병을 휘두르다 지친 노무라는 몸을 잠시 쉬게 했다. 대신 눈과 머리는 바쁘게 움직였다. 자신의 현실과 한참 동떨어진 메이저리거를 보며 자극을 받았다.

노무라는 메이저리그 선수들을 동경했다. 미국 선수들이 제대로 때린 타구는 120m, 130m까지 날아갔다. 엄청난 괴력으로 공을 깨뜨릴 듯 때렸다. 이걸 본 노무라는 훗날 조금은 다른 길을 택했다. 일본인은 체격과 힘이 그들에 미치지 못하므로 그렇게 하고 싶어도 할 수 없었다.

또 그렇게 칠 필요도 없었다. 일본 야구장은 미국 야구장보다 작다. 미국 선수들처럼 괴력이 아니라도 비거리 95m, 100m의 타구를 날리면 홈런을 만들 수 있었다. 그러기 위해 노무라는 80m, 90m짜리의 평범한 타구를 조금만 더 멀리 날려 보낼 방법을 찾았다.

노무라는 힘이 아닌 타구의 스핀을 늘려야 한다는 결론에 이르렀다. 공의 밑부분을 감아올리듯 때리면 타구에 강한 회전이 걸릴 것이다. 고도의 스윙 기술만으로 비거리가 5m, 10m 늘어날 것이라고 생각했다. 실제로 노무라가 친 홈런이 모두 총알같이 날아간 것은 아니었다. 외야수에게 잡힐 것 같은 타구가 마지막에 조금 더 뻗어서 펜스를 살짝 넘어간 게 많았다. 노무라는 미국인처럼 커질 수도, 세질 수도 없다는 것을 알았다. 대신 새로운 아이디어를 짜내 부족한 파워를 만회했다.

のむら かつや
Katsuya Nomura
1935~

젊다면,
부딪치고 실패하라

노무라는 모래가 든 병을 죽어라 휘둘렀고 남보다 두세 배 더 많은 시간과 노력을 들여 훈련했다. 그러나 수년 안에 쫓겨날 것이라는 선배들의 협박은 거짓이 아니었다. 노무라는 입단 첫해 어쩌다 1군에 불려 가 9경기에 나섰다. 성적은 11타수 무안타. 그는 제대로 평가를 받을 만큼의 기회를 충분히 얻지 못했지만, 앞으로는 잘해낼 수 있을 것이라고 자신했다. 그러나 난카이 구단은 가차 없었다. 1954년 겨울, 구단은 노무라에게 해고를 통보했다. 2~3년은 더 버틸 줄 알았다. 그 안에 죽도록 노력하면 1군에 올라갈 수도 있다고 믿었지만 세상은 노무라에게 친절하지 않았다.

"1년만 더 기회를 주십시오. 지금 해고되면 나는 살아갈 수 없습니다. 지금 저를 내보내시면 난카이 전철에 뛰어들겠습니다."

공갈협박이었다. 그의 진심이기도 했다. 그렇게 낙향할 수는 없었다. 구단 직원에게 몇 번이고 머리를 조아렸다. 부끄러웠다. 굴욕적이었다. 그래도 했다. 그때 노무라는 젊었기에, 내세울 만한 성과를 전혀 만들어내지 못했기에 눈을 질끈 감고 남들 앞에서 고개 숙일 수 있었다.

필사적으로 매달리니 구단 직원도 당황한 것 같았다. "너 같은 녀석은 처음 봤다"며 고개를 절레절레 흔들었다.

"우리 눈은 정확하다. 너는 소질이 없어. 인사나 하고 돌아가는 것이 좋을 거야. 새 출발은 이를수록 좋거든."

구단 직원은 이런 말을 남기고 차갑게 돌아섰다. 그러나 노무라는 해고되지 않았다. 죽을 각오로 호소한 게 통한 모양이었다. 운이 좋았다. 그런 읍소 작전은 두 번 다시 통하지 않는다는 걸 노무라도 잘 알았다. 해고는 취소가 아니라 보류됐을 뿐이었으니 말이다.

어렵게 다음 시즌을 맞았지만 주위 반응은 싸늘했다. 난카이 2군 코치들은 "너는 어깨가 약해서 도루하는 주자를 잡을 수 없다. 포수를 할 수 없으니 1루수를 해라"고 지시했다. 노무라는 앞이 깜깜해졌다. 신인 주제에 감히 특정 포지션을 고집할 수 없다는 건 그도 잘 알았다. 문제는 1루수로 살아남을 확률은 더 낮다는 것이다. 1군 1루수로는 강타자 이이다도 구치가 버티고 있었다. 2군 생활도 겨우 연장한 터에 1군의 중심타자를 이길 자신이 없었다.

노무라는 마지못해 1루수 미트를 준비했다. 선택의 순간이 왔다. 시키는 대로 1루수 훈련만 할 것인가, 아니면 포수로 돌아갈 준비를 따로 해야 할 것인가.

노무라는 포수를 포기하지 않았다. 포수는 투수의 폭투와 주자의 질주를 몸으로 받아내는 포지션이다. 쭈그려 앉았다가 일어나기를 매일 수백 번 반복하느라 무릎관절이 남아나지 않는다. 그러나 노무라는 힘들고 어려운 포수 포지션을 꿰차야 쫓겨나지 않을 거라고 판단했다. 포수로서 인정받으려면 어깨를 강하게 만들어야 했다. 노무라는 선배들을 따라다니며 송구하는 법을 다시 배웠고, 빈 병 트레이닝 강도를 높였다. 공을 던지고 또 던졌다. 방망이를 휘두르고 또 휘둘렀다.

당시엔 이런 반복 훈련이 어깨관절을 소모한다고 여겼다. 그러나 노무라에게 그런 걱정은 배부른 소리였다. 젊을 때는 스스로를 불태워서라도 실력을 키워야 한다고 생각했다. 남들과 똑같이 훈련해서는 남들을 절대 이길 수 없다고 믿었다. 특히 내놓을 만한 재능이 없는 사람이 경쟁력을 갖추는 방법은 반복 훈련뿐이라고 생각했다.

노무라는 1957년 처음 홈런왕에 오른 뒤에도 빈 병 트레이닝을 멈추지 않았다. 노무라가 훗날 최고의 홈런 타자가 된 비결은 그리 대단한 게 아니다. 우직한 노력과 새로운 시도를 두려워하지 않는 용기, 그리고 명확한 목표를 설정하고 그 목표를 향해 자신이 만든 길로 전진한 덕분이다.

のむら かつや
Katsuya Nomura
1935~

승부는
첫 3년 안에 난다

남다른 노력을 한 노무라는 입단 3년째이던 1956년 후반에 드디어 1군에 승격됐다. 1군 포수들의 부상과 트레이드 덕분에 기회가 난 것인데, 그는 자신에게 찾아온 기회를 놓치지 않았다. 이듬해 노무라는 주전 포수가 됐고, 1980년 45세 나이로 선수 생활을 마감할 때까지 27년간 그 자리를 놓치지 않았다. 혹독한 2군 생활을 겪은 노무라는 '입단 후 3년이 선수의 운명을 좌우한다'는 신념을 갖게 됐다.

당장 눈에 띄는 발전이 없어도 노무라는 노력을 멈추지 않았다. 그의 어제와 오늘은 비슷한 것 같았지만 한 달 후엔 달랐고, 1년 후엔 확 바뀌었다. 노력이 이어지고 경험이 쌓이자 노무라의 잠재력이 어느 순간 폭발했다. 그 전까지는 아무도 몰랐던, 노무라 자신도 발견하지 못한 '대단한 노무라'가 자신 안에 있었다.

연습생 노무라가 주전 선수 노무라가 되기까지 걸린 시간은 대략 3년이다. 언제 해고될지 모르는 처지에서 프로 선수로 단단하게 자리 잡기까지 걸린 시간이 그랬다. 프로 선수에겐 데뷔 후 3년이 가장 중요하다는 건 정설이다. 나이로 치면 20대 중반 정도다. 대부분의 재목들은 입단 후 3년 내로 주전 선수가 됐다. 훗날 최고의 선수가 되기 위한 기틀도 만들었다.

무슨 일을 시작하든 처음 3년 동안에 모든 에너지를 쏟아부어야 한다. 이 시기에 쏟은 시간과 노력은 훗날 몇 배로 돌아온다. 노무라는 1958년 시즌 중 타구에 맞아 오른손 새끼손가락이 부러졌다. 연습생 출신으로 어렵게 1군에 올라 주전 포수가 된 지 1년밖에 되지 않은 때였다. 노무라는 아프다고 말하지 않았다. 한 경기라도 쉬면 누군가 노무라 자리를 꿰찰 것이고, 그날 그가 좋은 활약을 보인다면 주전 포수가 바뀔 수도 있다고 생각했다. 노무라는 부상을 숨긴 채 계속 경기에 나섰다. 젊어서 그만한 고통은 참고 이겨낼 수 있다고 이를 악물었다. 노무라의 그 손가락은 아직도 굽어 있다.

지금도 수많은 젊은이들이 저마다 다른 재능을 가지고 야구장에, 세상에 뛰어든다. 그들은 원석이다. 진흙에 완전히 가려 빛을 내지 못한 젊은이도 있고, 이미 꽤 빛나고 있는 청춘도 있다. 그들은 다듬기에 따라 가치가 몇 배 더 올라갈 수 있다. 그들은 다소 무모한 모험과 도전을 해도 좋을 나이다. 고통을 참고 이겨낼 수 있는 힘이 있다. 쇠는 뜨거울 때 때려야 멋진 모양을 만들 수 있는 법이다.

노무라는 "젊을 때는 고생을 마다하지 말라"고 당부했다. 스스로를 용광로에 던질 각오를 가져야 한다고 했다. 노무라는 그 기간을 3년으로 정했다. 야구 선수가 3년 안에 기량을 보여주지 못하면 잘릴 가능성이 높다. 1군 선수가 되는 것에 만족하지 않고 특급 선수가 되고자 하는 경우에도 3년 안에 특별한 성과를 내야 한다. 그다음부터는 비교적 쉽게 풀린다. 야구뿐 아니라 모든 일이 그렇다. 젊은이에겐 실패해도 만회할 시간이 있다. 실패하더라도 나중에 훌륭한 자산이 될 수 있다. 부딪쳐야 한다.

Chapter 3

열등감, 노무라를
최고로 만든 자산

콤플렉스(Complex)는 정상적이지 않은 심리 상태를 말한다.

콤플렉스에는 복합체라는 뜻도 있다.

영리함, 성실함, 창의력 등만이 성공으로 이끄는 동력이 되는 건 아니다.

노무라는 질투, 열등감, 자격지심까지 모두 버무려서 자신의 에너지로 바꿨다.

천재를 인정하라,
그리고 훔쳐라

타자로서 일정 궤도에 오른 뒤에도 노무라는 쉬지 않고 달렸다. 은퇴할 때까지 홈런왕 9차례, 타점왕 7차례를 차지했다. 통산 3017경기에 출전해서 657홈런, 1988타점을 기록했다. 우리나라에 왕정치(王貞治)로 잘 알려진 오 사다하루(878홈런, 2170타점)가 훗날 노무라의 기록을 뛰어넘었지만 노무라의 업적은 퇴색되지 않았다. 노무라는 수비 부담이 큰 포수로 뛰었고, 1970년부터 8년간은 감독까지 겸했다. 노무라의 기록은 분명 경이롭다.

그럼에도 노무라는 은퇴할 때까지 끊임없이 천재를 질투했다. 또한 엘리트 선수의 타고난 감각을 조금씩 훔쳐내려 했다. 최고의 스승은 모방이라고 여긴 것이다. 그는 상대 투수, 라이벌 타자, 동료 타자 모두에게서 배울 점을 찾아냈다. 증오가 아닌 배우려는 욕구에서 비롯된 질투는 그에게 발전 동력이 되었다.

노무라 시대와 거의 비슷한 시기에 '하느님, 부처님, 이나오님'이라는 말이 유행했다. 다소 길기는 하지만 전설적인 투수 이나오 가즈히사의 별명이다. 그는 1956년 니시테쓰 라이온스(현 세이부 라이온스)에서 데뷔해 21승 6패로 신인왕을 차지했고, 이듬해에는 20연승을 거두는 등 3년 연속 30승 이상을 올렸다.

니시테쓰는 1958년 일본시리즈에서 앙숙인 요미우리 자이언츠와 싸워 1~3차전을 모두 졌다. 그러다 이후 이나오가 세 차례 완투승을 포함해 4연속 승리를 거둬 극적인 역전 우승에 성공했다. 그의 초인적인 모습에 팬들은 바닥에 엎드려 합장을 하며 "하느님, 부처님, 이나오님"이라며 목 놓아 울었다. 이나오는 일본인들이 신처럼 숭상한 야구 선수였다.

천재 이나오는 노무라 일화에서도 빠지지 않는 인물이다. 이나오의 얘기를 하면 노무라가 천재를 어떻게 대했는지, 그들에게 어떤 점을 배웠는지 알 수 있다.

이나오는 가난한 어부의 아들로 태어났다. 1956년 신인왕에 오른데 이어 이듬해 35승으로 다승왕을 차지했다. 야구팬 사이에서는 '어릴 때 아버지 일을 도와 노를 저으며 손목 힘을 길렀다'는 식의 스토리가 만들어졌다. 그래서 노무라와 곧잘 비교됐다.

노무라는 이나오가 신인이던 시절 2군 경기에서 한 차례 대결한 적이 있다. 노무라는 이나오의 투구에 깜짝 놀랐다. 직구는 빠르게 날아들었고, 슬라이더가 예리하게 꺾였다. 무엇보다 스트라이크존

구석구석으로 던질 줄 알았다. 노무라는 "이나오는 신인 같지 않은 선수였다. 실제로 2군에 잠시 있다가 1군으로 올라가 21승을 거뒀다. 이나오는 신인 시절부터 대성할 수 있는 재능을 모두 갖춘, 진정한 엘리트였다. 나와는 다르다"고 말했다. 이나오는 타고난 천재며, 자신은 노력으로 천재에 가까워졌다고 주장한 것이다. 어느 순간부터 노무라는 자신이 연습생 출신이라는 사실을 자랑하는 것 같았다. 하나를 성취할수록 그의 콤플렉스도 하나씩 없어졌다.

상대의 재능을 인정하지 않으면 그에게 배울 것이 없어지는 법이다. 노무라는 이나오에게 야구에 대한 영감을 많이 얻었다. 프로 입단은 노무라가 2년 빨랐지만 이나오를 스승으로 생각했다. 노무라는 최고 투수와 싸우며 그를 이길 방법을 연구했고, 그에게 역습을 받았다. 이나오의 반격은 노무라가 또 다른 방법을 찾는 계기로 작용했다.

노무라는 최고 타자가 된 뒤에도 이나오의 공을 제대로 치지 못했다. 당시 니시테쓰는 난카이와 퍼시픽리그 우승을 다투는 강팀이었기에 노무라는, 그리고 난카이는 이나오를 반드시 이겨야 했다. 노무라는 이나오 공략법을 연구하면서 야구의 새로운 분야를 발견했다. 후에 언급할 '분석하는 야구'의 씨를 뿌릴 수 있었던 건 어찌 보면, 노무라를 평생 열등감에 젖게 한 라이벌 덕분이었다.

이나오는 발군의 투수였다. 무엇보다 제구력이 완벽해 치기 쉽게 들어오는 공이 없었다. 특히 날카롭게 꺾이는 슬라이더는 예술에 가까울 만큼 멋졌다. 역회전공도 좋았다. 힘과 기술로 싸우면 그는 도저히 이길 수 없는 상대였다. 그러자 노무라는 정보를 활용해서 싸워보기로 했다. 모든 투수는 자신만의 버릇이 있다. 빠른 공을 던질 때 글러브 위치가 높아지는 투수가 있고, 변화구를 던질 때 글러브 안에서 손이 미세하게 움직이는 투수도 있다.

다른 구종을 완전히 똑같은 폼으로 던지는 투수는 없다. 투구 버릇을 간파당할까 의식하면 어느 동작이 느슨해지게 마련이다. 그러나 이나오는 직구를 던질 때와 변화구를 구사할 때 폼이 다르지 않았다. 이나오는 신이라도 되는 것일까. 노무라가 아무리 봐도 구종에 따른 투구 폼의 차이점을 발견할 수 없었다. 폼을 보며 구종을 예측하기란 불가능해 보였다.

노무라는 이나오와 맞선 2년째인 1957년 상대 성적 25타수 10안타(타율 0.400) 1홈런을 기록했다. 그러나 1958년에는 32타수 6안타(타율 0.188)에 그치며 삼진을 10개나 당했다. 이듬해에도 처참하게 무너졌다. 이나오는 "난카이 4번 타자 노무라는 꼭 잡아야겠다"고 마음먹었고, 실제로 그렇게 했다.

쓰루오카 가즈토 난카이 감독은 노무라를 향해 "너는 일류 투수들 공은 치지 못하는군. 그러니 홈런왕이 됐다고 폼 잡을 것 없어"라고 쓴소리를 했다. 비아냥거리는 느낌도 있었다. 그가 말한 일류 투수는 물론 이나오였다. 노무라는 억울한 마음이 들었다. 그뿐만 아니라 다른 타자들도 이나오를 공략하지 못했다. 그러나 노무라는 팀의 중심인 4번 타자다. 노무라가 이겨내지 못하면 나머지도 질 수밖에 없다. 쓰루오카 감독의 독설이 노무라를 향한 이유다.

'어디엔가 빈틈이 있을 것이다!'

진짜 신이 아니라면 이나오에게도 약점이 있을 것이라고 노무라는 생각했다. 노무라는 이나오의 피칭을 비디오로 촬영했다. 집에서 그걸 보고 또 봤다. 1950년대에는 가정용 비디오가 거의 보급되지 않았을 때지만 노무라는 유난을 떨었다. 테이프가 늘어질 만큼 반복 재생한 끝에 희미한 실마리를 찾았다. 오른손 투수 이나오가 와인드업 하며 머리 위로 양손을 모을 때 미세한 차이가 있었다. 타석에서 보면 글러브 안에 들어 있는 공이 스치듯 보일 때가 있었다. 그러면 오른쪽 타석 몸 쪽으로 공이 날아왔다. 공이 전혀 보이지 않을 때는 바깥쪽 코스로 들어왔다.

"이거다!" 이나오의 주무기는 역회전공과 슬라이더다. 공이 바깥쪽으로 온다면 틀림없이 직구나 슬라이더일 터다. 이나오의 미세한 폼을 훔쳐낸 노무라는 이나오를 제대로 공략하기 시작했다. 이나오 자신도 모르는 이나오의 버릇을 찾아낸 덕분이었다. 이나오의 투구는 모두가 보고 있었지만 아무도 그의 버릇을 발견하지 못했다. 노무라의 끈기와 눈썰미, 그리고 분석력이 어우러져 이나오와의 첫 정보전에서 이긴 것이다.

그러나 노무라가 보물처럼 갖고 있던 정보는 너무나 쉽게 새어나갔다. 올스타전에서 노무라, 난카이의 팀 동료 스기우라 다다시, 그리고 이나오가 함께 잡담을 나누던 중 갑자기 스기우라가 "이나오, 노무라는 집요하게 자네를 연구하고 있네. 비디오로 자네 피칭을 분석하거든"이라고 말했다. 깜짝 놀란 노무라는 필사적으로 동료의 입을 막으려 했지만, 신이 난 스기우라는 노무라가 발견한 비밀을 줄줄 얘기해버렸다. 스기우라가 다른 팀 선수였다면 멱살잡이라도 했을 것이다. 이나오의 표정은 점점 돌처럼 굳어졌다.

이나오가 자신의 폼을 연구했다는 것을 안 이상 가만히 있을 리 없었다. 며칠 후 노무라는 이나오를 다시 상대했다. 와인드업 동작에서 흰 공이 살짝 보였다. 노무라가 '몸 쪽이다'라고 믿는 순간 바깥쪽 슬라이더가 날아들었다. 이나오가 역정보를 흘려 노무라를 헷갈리게 한 것이다. 역시 이나오다. 노무라가 당했다.

그러나 그걸로 끝난 건 아니다. 야구장 곳곳에서는 "노무라가 투수의 버릇을 읽어내 타격한다"는 소문이 돌기 시작했다. 이나오뿐만 아니라 다른 투수들도 자신의 폼을 재점검했다. 노무라는 "고생 끝에 찾아낸 상대에 대한 정보가 소용없어졌다. 처음부터 다시 시작해야 했다. 그래도 괜찮았다. 내가 투수를 연구하는 것이 알려지자 상대는 나를 의식하기 시작했다. 그러면 또 다른 빈틈이 보인다. 상대가 내게 대항하는 수단을 찾는다면, 나는 또 그에 맞설 방법을 연구하면 된다"고 말했다.

이후에도 노무라와 이나오는 올스타전에서 자주 만났다. 올스타전에서는 적이 아니라 퍼시픽리그 대표팀의 포수와 투수로 배터리를 함께 이뤘다. 그러나 그때도 둘은 심정적으로 적이었다. 노무라는 상대가 아닌 동료 투수인 이나오를 관찰하며 약점을 찾으려 했다. 이나오도 이를 모를 리 없어 노무라가 내는 사인대로는 절대 던지지 않았다. 적인지 동료인지 모를, 기묘한 싸움이었다. 이나오는

"올스타전에 등판하면 타자를 상대한 기억이 거의 없다. 센트럴리그 타자가 아닌 내 공을 받는 퍼시픽리그의 포수 노무라와 싸우는 것 같다"고 푸념하기도 했다.

최고 투수는 최고 타자를 각성하게 했고, 최고 타자는 최고 투수를 분발하게 했다. 기술로 싸우고 심리전을 벌이면서 서로를 성장시켰다. 깊이 있는 야구의 묘미를 알게 했다. 최고와 최고의 자존심 대결, 분석가와 분석가의 지략 싸움, 전략가와 전략가의 정보 탐색전은 승부의 품격을 높였다. 적이 곧 스승이었다. 스승은 더 무서운 적이었다.

노무라가 가진 열등감은 패배감이 아니었다. 자신을 낮출수록 남에게서 얻고 배울 것들이 많기에 끊임없이 스스로를 괴롭힌 것이다. 훔쳐낼 것이 있다면 선배도, 후배도, 아군도, 적군도 스승으로 여겼다.

のむら かつや
Katsuya Nomura
1935~

열등감은 훌륭한 에너지다

선수 시절 노무라가 남긴 타격 기록은 일본 프로야구 70년 역사를 통틀어 세 손가락 안에 꼽힐 만큼 대단하다. 뿐만 아니라 팀을 리드하는 포수로서의 활약은 계량할 수조차 없다. 그가 만들어낸 결과도 뛰어났지만 과정은 더욱 가치 있었다. 그럼에도 노무라는 최고로 대접받지 못했다. 스스로도 최고라고 여기지 않았다. 천재가 아니었던 탓에, 불세출의 스타 오 사다하루나 나가시마 시게오와 같은 시대에 뛴 탓에, 센트럴리그보다 인기가 낮았던 퍼시픽리그에 속한 탓에 그랬다.

어쩌면 노무라는 스스로를 최고로 여기는 순간을 두려워했는지 모른다. 노무라는 남들보다 못하다는, 남들보다 가진 게 없다는 열등감으로 야구 인생을 시작했다. 온갖 실패를 거듭하며 상당한 성공에 이른 뒤에도 열등감을 잃지 않으려 했다. 그게 자신을 떠받드는 힘이라 여겼다.

20대의 노무라에겐 패배는 어쩌면 당연했다. 남들보다 재능이 뛰어난 것도 아니고, 눈에 띄는 학력이나 경력이 있는 것도 아니었다. 그래서 패배에서 하나라도 배우려 노력했다. 자신보다 뛰어난 선배나 라이벌을 모방하려 했고, 힘이나 기술에서 밀린다면 머리를 써서 이길 방법을 찾았다.

리더가 돼서도 마찬가지였다. 노무라는 자신의 선수가 부상이나 부진에 빠졌을 때 해법을 함께 찾았다. 누구나 패하는 과정에서 약점과 단점이 드러나기 때문이다. 원인을 찾아내서 결과를 바꿀 수 있다면, 오늘의 패배는 충분히 값진 것이다. 젊을 때는 지면서, 틀리면서 배우는 것이다. 현재의 패배에 좌절할 이유가 없다. 많이 져본 사람이 많이 이길 수 있다. 그러나 타인을 원망하고, 환경을 탓하고는 금세 잃어버릴 패배라면 백 번을 당해도 나아지는 게 없다.

라이벌을 가지는 것은 성장을 위한 가장 빠른 길이다. 동료, 선배, 경쟁 팀의 누구라도 좋다. "저 사람에게만은 질 수 없어"라고 생각하는 라이벌을 꼽아야 한다. 여기서 중요한 건 라이벌 때문에 자신의 생각이 닫히면 안 된다는 점이다. 모든 노력은 자기 발전을 위한 것이지 라이벌을 넘는 것이 목적이 아니기 때문이다. 자신이 아닌 경쟁자를 의식하느라 냉정함을 잃고, 사고의 회로가 고장 난다면 손해가 막심하다. 라이벌 때문에 누구보다 소중한 자신이 망가져서는 곤란하다.

노무라도 라이벌의 작용과 부작용에 대해 많이 고민했다. 그 균형을 잡는 게 어렵다는 것을 잘 알기 때문이다. 평소에는 라이벌을 향해 정열을 불태우다가도 승부를 벌일 때는 냉정을 되찾아 자기 자신을 잃지 않는 것이 이상적이다. 경쟁심이 자신을 잠식하지 않도록 경계하는 것이다. 말처럼 쉽지는 않지만, 이는 냉정한 자기분석과 객관화를 통해 어느 정도 해결할 수 있다고 노무라는 믿었다.

성공하면 힘든 과정을 잊고 싶어진다. 현재가 만족스럽다면 가난하고 고통스러웠던 과거를 굳이 떠올리며 사는 사람은 거의 없다. 개구리가 올챙이 적 생각을 못하는 건 어쩌면 당연하다.

노무라는 개구리가 돼서도 올챙이처럼 생각하고 행동했다. 그는 만족과 교만을 가장 두려워했다. 노무라는 끊임없이 새로운 목표를 만들어냈기에 작은 성공을 했다고 나태해지지 않았다. 경쟁자를 깔보지 않고 존중했기에 새로운 원동력을 얻었다. 평범한 노무라를 강하게 만든 힘은 언제나 겸손함 또는 열등감이었다.

노무라는 매일 불만을 터뜨렸고 투정을 부렸다. 이른바 불평의 힘이다. 노무라는 "질투와 삐뚤어짐이 내 에너지였다. 한 단계씩 올라가면서 나는 열등감을 하나씩 버렸다"고 말했다.

노무라가 힘들게 쌓아 올린 홈런과 타점 기록은 오래가지 못했다. 노무라보다 다섯 살 젊은 오 사다하루가 노무라의 기록을 죄다 갈아치웠다. 노무라는 "내가 오의 후배였으면 어땠을까 하는 생각을 했다. 그에게 열등감을 느끼고 더 독하게 연구하고 훈련했을 것"이라고 말했다. 오의 뒤를 보고 쫓아갔다면 노무라는 더 노력했을 것이고, 더 성공했을 거라고 생각했다. 정말 간절하게 오를 이기고 싶었던 것이다.

오는 요미우리에서 데뷔한 후 3년간 고생하다가 4년째 되던 해에 38홈런을 때려내며 처음 홈런왕에 올랐다. 이후 13년 연속 센트럴리그 홈런왕을 차지했고, 1965년 타이틀을 빼앗겼다가 1966년, 1967년 다시 홈런왕에 올랐다. 프로 생활 22년간 쌓아 올린 홈런이 세계 최다 기록인 868개다. 뿐만 아니라 2170타점, 5862루타, 2390볼넷 등의 기록은 아직까지도 깨지지 않고 있다.

오는 미숙아로 태어났다. 세 살이 되도록 제대로 서지 못했다. 야구를 하면서 그는 강건해졌다. 아마추어 시절엔 이름 그대로 야구왕이었다. 기대를 받고 프로에 입단했지만 초창기엔 "왕(王)은 왕인데 삼진왕이다"라는 야유를 들었다. 그런 그가 일본 최고의 타자가 되기까지는 지독한 노력과 연구를 했을 것이다. 대표적인 것이 '외다리 타법'이라고 불리는 독특한 타격 자세다. 왼손 타자인 그는 중심 이동을 위해 오른발을 높이 들었다가 내디디며 타격했다. 파워 있는 배팅에 유리하지만 정확성이 떨어지는 폼이다. 타자가 예측한 대로 공이 온다면 체중을 실어 강한 타구를 날릴 수 있지만, 예상과 다른 공이 올 때는 중심이 흔들려 공을 맞히기 어렵다. 한국의 이승엽도 '외다리 타법'을 썼다가 포기하기를 여러 번 반복했다.

오는 지독한 훈련으로 '외다리 타법'의 장점을 극대화하고, 단점을 최소화하려 노력했다. 오른쪽 다리를 높이 들어 왼쪽 다리로만 몸을 지탱했을 때도 중심을 잃지 않는 자세를 만들었다. 일류에게는 역시 자기만의 특별한 무기가 있는 법이다.

노무라는 오에 관한 추억을 자주 얘기한다. 노무라는 오의 스승인 아라카와 히로시 요미우리 타격코치 집에서 오의 스윙 훈련을 본 적이 있다. 당시 오는 경기가 끝난 뒤 아라카와 코치 집에서 따로 훈련을 했다. 그때 오는 노무라의 홈런 기록을 쫓고 있던 터였다. 훈련 장면에서 살기가 느껴졌다. 오는 배트가 아닌 진검을 들고 있었다. 종이를 날리더니 검으로 정확하게 베었다. 보통의 집중력과 기술로는 흉내 내기도 불가능한 동작이었다.

어느 날 노무라는 몇몇 선수와 어울려 술잔을 기울였다. 그 가운데 오도 있었다. 밤 9시가 되자 오는 "먼저 실례하겠습니다"라고 말하더니 자리를 떴다. 이유를 묻자 아라카와 코치 집에 가서 훈련을 해야 한다는 것이었다. 분위기가 한창 무르익는데 별도 훈련이라니. 노무라는 오에게 술을 권했지만 한사코 거부하며 자리를 떴다. 그때 노무라는 '저 친구가 결국 내 기록을 깨겠군'이라고 혼잣말을 했다.

오는 노무라의 기록을 갈아치우며 '세계의 홈런왕'이 됐다. 노무라가 오보다 후배였다면, 노무라가 쫓아가는 입장이었다면 어떻게든 이기려 했을 것이다. 그랬다면 일본의 타격 기록들은 어떻게 바뀌었을지 모른다.

のむら かつや
Katsuya Nomura
1935~

운명을 가르는 차이
5%

노무라가 처음부터 이나오 같은 특급 투수와 경쟁을 벌일 만큼 기량과 지략이 뛰어났던 것은 아니다. 노무라는 노력으로 재능을 이끌어냈다.

노무라는 풀타임 첫 시즌인 1957년 홈런왕(30개)에 올랐다. 체격이 좋은 편이고, 근력운동을 열심히 한 덕분에 파워는 자신 있었다. 그해 타율도 0.302를 기록했다. 고졸 테스트생 출신으로는 믿기 힘든 성과를 냈다.

시련은 곧바로 찾아왔다. 상대가 노무라를 분석하기 시작했고, 커브를 제대로 치지 못한다는 사실을 알아냈다. 예나 지금이나 젊은 타자들은 커브에 약하지만, 노무라는 특히 심했다. 커브에 얼마나 약했으면 관중석에서 "커브를 치지 못하는 노무라!"라는 야유가 터져나오기도 했다. 3할 타율은 때려야 일류 타자로 인정받을 수 있다. 그러나 확실한 약점이 있으면 절대로 3할 타자가 될 수 없다.

노무라는 "부모에게서 물려받은 약간의 소질과 이전까지 해온 노력으로 나는 타율 2할 5푼 정도는 칠 수 있었다. 3할 타자가 되기 위해서는 5푼이 모자라다. 이 부분은 연구와 훈련으로 채워 넣어야 한다"고 말했다. 그는 그렇게 믿고 노력했다.

3할 타자는 팀의 간판이 될 수 있다. 반면 2할 5푼 타자는 자기 포지션조차 없는 경우가 많다. 둘의 타율 차이는 단 5푼, 퍼센티지로 치면 5%에 불과하지만 그것이 일류와 삼류를 가른다. 3할 타자와 2할 5푼 타자의 연봉은 열 배 이상 차이 날 수도 있다.

노무라는 타율 5%는 충분히 극복할 수 있는 차이라고 믿었다.

"2할 5푼 타자는 100차례 타격에서 안타 25개를 때린다. 3할 타자는 100차례 타격에서 안타 30개를 친다. 단지 5개만 더 때리면 일류 타자가 될 수 있다."

보통 한 달 내내 뛰어도 100타석을 기록하기 힘들다. 일주일에 안타 1개만 더 치면 2할 5푼 타자가 3할 타자가 된다는 얘기다. 숫자상으로는 그리 어려운 일이 아니었다. 당장 변화구를 잘 친다는 다른 팀 선배들을 쫓아다녔다.

"괜찮아. 머지않아 잘 치게 될 거야."

"훈련 때 커브를 많이 쳐보면 자연히 경기에서도 잘 대응할 수 있어."

성의 없는 대답뿐이었다. 실망스러웠다. 훗날 노무라는 무성의하게 대답한 선배에게 따져 물었다.

"그때는 왜 제대로 답해주시지 않았나요?"

"미안하네. 당시엔 우리가 팀 내 라이벌이었지 않나? 지금은 알려줄 수 있네."

"지금 가르쳐주셔도 제가 뭘 할 수 있겠어요. 저도 늙었다고요."

둘은 서로를 마주 보며 껄껄 웃었다.

당시 노무라에겐 기술이 없었다. 충고해줄 사람도 없었다. 그렇다면 확률에 맡기는 수밖에 없었다. 타자는 기본적으로 빠른 공을 기다린다. 그러다 느린 공이 오면 타격 리듬을 늦춰서 공을 받아 치는 게 일반적이다. 그러나 노무라는 빠른 공에 타이밍을 맞추고 있다가 느린 커브가 날아들면 속수무책이었다. 노무라에겐 본능적으로 스윙을 바꾸는 재주가 없었던 것이다.

약점을 인정하고 주저앉아버리면 성장은 멈추게 된다. 약점을 없애지 못한다면 약점을 상쇄할 방법을 찾아야 한다. 노무라가 아무리 노력해도 스윙 리듬을 다르게 할 수는 없었다. 그에게 남은 방법은 투수가 커브를 던질 때를 예측해서 거기에 맞는 스윙을 준비하는 것이다. 그러기 위해서는 공부가 필요했다.

노무라는 투수와 타자의 승부를 수치화해 분석하기 시작했다. 훗날 노무라를 상징하는 'ID 야구'의 씨앗이 뿌려지기 시작했다. 싸움에 앞서 정보를 수집, 분석하는 것은 당시로서는 획기적인 일이었다. 남들이 생각하고 공부할 분야가 아니라고 여기는 것들을 생각하고 공부한 것이다. 상대 투수가 어떤 공을 어떻게 던질지 예측

할 수 있다면 홈런과 타율이 함께 늘어날 것이다. 정말로 노무라의 타율은 꾸준히 올라 1965년 드디어 타격왕(0.320)에 올랐다. 그해 홈런(42개), 타점(110개) 타이틀도 함께 따내며 타격 3관왕을 차지했다. 교타자의 몫인 타율과 거포의 차지인 홈런, 타점 타이틀을 동시에 거머쥔 것이다. 연구의 성과였다. 커브에 형편없이 약했던 노무라는 공부와 노력을 통해 약점을 보완했다. 그리고 타자의 최고 영예인 타격 3관왕에 올랐다.

노무라는 사실상 일본 최초의 타격 3관왕 주인공이다. 그에 앞서 프로 초창기인 1938년 가을 리그에서 요미우리 자이언츠의 나카지마 하루야쓰가 타율 0.361, 홈런 10개, 38타점으로 첫 3관왕을 기록하긴 했다. 그러나 당시엔 리그가 봄, 가을로 나뉘어 열렸고 경기 수가 적었다. 게다가 타격 3관왕이라는 개념조차 없었다.

노무라는 타자로서 상대 투수의 약점을 공략했고, 반대로 포수로서 동료 투수의 약점을 보완해야 했다. 이런 과정들이 모두 소중한 공부가 됐다. 그저 공을 받기만 하던 포수가 생각을 하기 시작한 것이다.

기록이 하나둘 쌓이는 동안 노무라는 나이를 먹었다. 힘이 약해지고 순발력은 떨어졌지만 경험이 많아지고 지혜가 늘어났다. 덕분에 마흔 살이 넘은 나이에도 노무라는 좋은 성적을 냈다.

Chapter **4**

'받는 손'을 '생각하는 손'으로 바꾸다

틀을 벗어나야 한다.

남들이 만든 틀 안에 있으면 나를 아무리 채워도 나는 그 틀보다 커질 수 없다.

내 생각대로 나만의 방법을 찾는 것, 그게 틀에서 벗어나는 길이다.

그게 남이 생각하는 나의 한계를 뛰어넘는 방법이다.

のむら かつや
Katsuya Nomura

1935~

아무도 관심을 보이지 않은 포수의 진짜 역할

'**생**'각하는 야구'는 타자 노무라에게도 필요했지만, 포수 노무라에게 더욱 절실한 목표였다. 노무라가 타석에 들어서는 건 기껏해야 경기당 4~5차례. 아무리 뛰어난 타자라도 혼자 할 수 있는 몫에는 한계가 있다. 그러나 포수는 훨씬 더 많은 싸움을 한다. 상대 타자 9명 각자와 경기당 네 번 이상씩 대결하기 때문이다. 포수의 생각에 따라 승패가 갈릴 수 있다. 상대를 읽어 공략법을 찾는 '생각하는 야구'는 누구보다 포수에게 유용하다.

야구는 포수의 사인으로 플레이가 시작된다. 포수는 상대 타자와 가장 가까운 곳에 앉아 있고, 투수를 포함한 동료 8명과 얼굴을 마주하는 유일한 포지션이다.

경기의 승패를 좌우하는 공 하나가 있다. 투구 하나로, 타구 하나로 승부가 뒤바뀌는 일이 허다하다. 포수가 투수를 향해 사인을 낼 때 손가락 하나를 펴서 직구 사인을 내느냐, 손가락 두 개를 보여 커브를 유도하느냐에 따라 다른 결과가 나올 수 있다.

그러나 노무라가 선수로 뛰던 당시에 포수의 덕목은 투수의 공을 듬직하게 잘 받아내고, 빠른 송구로 도루하려는 주자들을 잘 잡아내는 것이었다. 포수의 육체적 능력만 눈여겨보던 시절이다. 그런데 노무라는 투수의 공을 받으며 두려움을 느꼈다. 큰 고민 없이 해오던 대로 사인을 내다가 뼈아픈 한 방을 얻어맞는 일이 많아서였다. 당시 그 책임은 공을 더 빠르게, 더 정확하게 던지지 못하는 투수에게 돌아가는 게 보통이었다.

노무라의 생각은 달랐다. 특정한 상황에서 투수가 가장 자신 있어 하는 공을 던지도록 유도하고, 타자의 노림수를 피해 사인을 낸다면 승리할 수 있는 확률이 높아진다고 믿었다. 투수의 공이 타자를 압도할 만큼 강하지 않아도 이길 방법이 있다고 믿은 것이다. 그래서 노무라는 영리한 포수가 되고자 했다. 포수는 육체노동자가 아닌 정신노동자라는 것이 노무라의 철학이다.

입단 후 4년이 지난 뒤 노무라는 난카이 에이스인 스기우라 다다시와 룸메이트가 됐다. 스기우라는 이나오 못지않은 성적을 올린 걸출한 투수였다. 노무라와 동갑인 스기우라는 릿쿄 대학을 졸업하고 1958년 난카이에 입단했다. 그는 27승 12패 평균자책점 2.05를 기록하며 신인왕에 올랐고, 이듬해인 1959년에는 38승 4패 평균자책점 1.40의 경이적인 성적을 올렸다. 그리고 스기우라는 그해 일본시리즈에서 4승을 혼자 거두며 요미우리를 격파했다. 꼭 1년 전이나오가 그랬듯, 스기우라도 괴물 같은 투구로 일본시리즈 최우수 선수에 올랐다. 스기우라는 1965년 혈행장애 부상으로 이후 중간계 투로 전향했다. 계속 선발투수로 던졌다면 이나오 버금가는 성적을 냈을 것이다.

최고 투수 스기우라는 최고 포수 노무라와 잘 통했다. 둘은 단지 공을 던지고 받는 역할에 만족하지 않았다. 스기우라는 뛰어난 공을 갖고 있었지만, 여기에 생각을 더하고자 했다. 그런 면에서 노무라와 잘 맞았다. 둘은 훈련만 같이 한 게 아니라 대화도 많이 나눴다. 벤치에서 경기를 지켜보다가 "저 투수는 지금 왜 변화구를 던지지 않은 거지?"라고 묻기도 했고, "저 코스 공을 쳐낸 걸 보니 타자가 틀림없이 지금 공을 노리고 있었어"라고 답하기도 했다. 노무라와 스기우라는 끊임없이 토론했다.

노무라는 "나와 호흡을 맞춰본 수많은 투수 중에서 스기우라가 최고"라고 말했다. 구위와 제구력이 좋고 배짱까지 갖췄다. 무엇보다 생각하는 야구를 하려 했다. 그런 점이 노무라와 통했다.

그런 스기우라도 항상 이길 수는 없었다. 타자가 노리는 곳으로 공을 던질 때면 안타를 얻어맞았다. 힘을 힘으로만 누르려다 보면 언젠간 지게 마련이다. 상대의 노림수를 피해 가는 것이 진짜 승리라고 노무라는 믿었다. '생각하는 야구'는 스기우라보다 기량이 떨어지는 이류, 삼류 투수들에게 더욱 절실하게 필요하다고 확신했다.

스기우라의 공을 받을 때는 그래도 편했다. 그러나 강한 공을 던지지 못하는 투수와 호흡을 맞출 때는 불안하기 짝이 없었다. 타자가 치기 좋은 코스로 공이 날아들었다가는 한 방 얻어맞는 걸 각오해야 했다. 약한 투수가 이기기 위해서는 타자가 노리는 곳을 피해 던져야 한다고 생각했다. 그저 공을 받고 주자를 잡아내는 역할을 뛰어넘어, 노무라는 상대를 읽고 동료를 이끄는 포수의 새 모델을 제시했다. 노무라는 '적을 알고 나를 알면 위태롭지 않다'는 병법을 야구에 적용했다. 상대를 알기 위해 정보를 수집·분석했고, 나를 알기 위해 뼈아픈 자기반성을 했다.

노무라 이후 포수의 중요성이 부쩍 커졌다. 현대 야구에는 "뛰어난 포수 없이는 결코 우승할 수 없다"는 말이 생겼다. 야구는 머리로 하는 경기라는 사실을 일깨운 주인공이 노무라다. 노무라의 노력은 훗날 그가 지도자로 성장하는 데 든든한 기초자산이 됐다. 그는 베테랑이 된 후부터 신문과 잡지에 관전평을 기고할 기회를 얻었다. 포수의 시야에서 승부를 읽는 능력이 노무라의 글에서 드러났다.

"이런 야구도 있었나?"

"노무라가 이렇게 생각이 깊은 사람이었나?"

이런 얘기가 돌기 시작한 건 노무라의 진가가 아주 조금 드러났을 때였다.

のむら かつや
Katsuya Nomura
1935~

승부의 열쇠는
포수가 쥐고 있다

노 무라는 타자를 네 가지 유형으로 분류했다.

A형 : 직구를 기다리며 변화구에도 대응하려는 타자

B형 : 몸 쪽 또는 바깥쪽 한 코스를 노리는 타자

C형 : 타구 방향을 미리 정하는 타자

D형 : 구종·코스에 대해 요행을 바라는 타자

물론 타자가 한 가지 유형만 고집하는 것은 아니다. A형 타자가 타석 중간에 생각을 바꾸거나 벤치의 사인에 의해 B형으로 바뀌기도 한다. 그러나 포수는 네 가지 유형을 기초로 타자의 심리 변화를 읽어 공 배합을 해야 한다.

A형은 직구를 노리는 타자다. 그렇다면 포수는 승부구로 변화구

를 택해야 한다. 직구를 쓸 때는 스트라이크가 아닌 볼을 던지도록 해야 한다. B형은 자신을 지나치게 믿는 타입이다. 강타자가 많다. 이전 타석에서 몸 쪽 공을 때려 안타를 만들었다면 B형 타자는 오히려 바깥쪽 공을 노리는 경향을 보인다. C형은 속임수에 능한 타자다. 당겨 치는 것처럼 보이다가 툭 밀어 친다. 타격 스탠스를 교묘하게 바꿔 투수와 포수를 속이려는 타입이다. D형은 특별한 노림수 없이 투구를 본능적으로 받아 치는 타자다.

전체적으로 보면 A형 타자가 가장 많다. 포수 입장에서 다루기 쉬운 유형이다. 직구를 노리면서도 날카로운 변화구에도 잘 대응하는 타자는 매우 드물기 때문이다. 노무라가 가장 약점을 보인 기술이기도 하다. 순간적으로 스윙의 리듬과 궤적을 바꿔 완벽하게 쳐내는 건 이치로 같은 초일류 타자나 가능한 일이다.

B형 타자를 이길 수 있는 방법은 심리전이다. 자신감이 넘치고 확신에 차서 스윙을 하는 선수이기에 포수 입장에서는 통계 등의 다양한 데이터를 활용해 역공이 가능하다. 타자가 좋아하는 공을 타자가 치지 않을 타이밍에 던지도록 요구하고, 스트라이크보다는 볼로 승부해야 한다. C형 타자를 이기기 위해서는 눈이 빨라야 한다. 예를 들어 초구로 바깥쪽 직구를 요구했다면 이 공이 홈플레이트를 통과할 때 타자가 미세하게나마 반응을 보이는지 체크해야 한다. 방망이가 나오려다 멈췄는지, 앞발은 어디로 향했는지, 어깨는 어느 방향으로 돌아가려 했는지 등을 통해 타자의 노림수를 읽을 수 있다. A, B, C 유형의 타자를 상대할 수 있다면 D와의 승부는 쉽

다. 상대가 생각 없이 덤비면 생각하는 포수는 백전백승일 것이다.

타자의 유형별 분석은 다양한 공 배합을 위해 꼭 필요한 연구다. 초구 직구로 스트라이크를 잡은 뒤, 기계적으로 바깥쪽 슬라이더를 요구한다면 상대에게 패를 모두 보여주는 것과 다름없다. 타자별로 다른 레퍼토리를 펼쳐야 승부의 주도권을 쥘 수 있다. '저 포수는 다양한 공 배합을 한다'는 인상만 심어주더라도 상대는 골치 아파할 것이다.

아울러 동료 투수들의 특성도 파악해야 한다. 투수에 따라 장단점이 다르기 때문이다. 투수의 능력과 컨디션에 상관없이 상대 타자만 보고 포수 생각대로만 공 배합을 한다면 승부에서 패할 가능성이 높다. 투수가 어느 코스로 잘 던지는지, 어떤 변화구 구사에 자신 있어 하는지, 위기 상황에서는 어떻게 변하는지, 오늘 컨디션이 어떤지 등을 종합적으로 고려해야 한다. 그러고 나서 상대 타자를 공략할 플랜을 짜야 한다.

노무라의 포수 노트에는 네 가지 철칙이 적혀 있다.

첫째, 경기 전 상대 타자에 대한 분석을 완벽하게 끝내라.

둘째, 볼카운트는 총 12가지다. 볼카운트의 유불리에 따른 타자 심리를 생각하라.

셋째, 데이터에만 의존하지 말고, 순간순간 타자의 움직임을 체크하라.

넷째, 동료 투수의 컨디션을 고려해 가장 합리적인 선택을 하라.

노무라는 포수의 역할을 지나치게 강조한 탓에 투수의 역할을 축소했다는 반론도 들었다. 포수가 아무리 뛰어나도 투수가 따라주지 않으면 이길 수 없는 게 사실이다. 그렇다고 승부의 주도권을 놓고 싸워서는 안 된다. 둘은 협력해야 한다. 투수는 보통 던지는 데 집중하고, 전략을 짜는 일은 포수가 맡는 것이 일반적이다. 투수가 포수보다 선배라고 할지라도 포수의 역할을 존중할 줄 알아야 강팀이 될 수 있다.

현대 야구에서 투수의 발전 속도는 타자의 진화를 따라잡지 못하고 있다. 투수의 소모품은 어깨고, 타자의 소모품은 배트다. 피칭머신이 보급되고 실내 훈련장이 생기면서 타자는 마음먹으면 하루 종일이라도 훈련할 수 있다. 반면 투수는 어깨를 무한정 사용할 수 없기 때문에 타자와의 싸움에서 점점 불리해지고 있다. 투수가 타자를 이기기 위해서는 연구해야 한다. 타자의 약점을 파악해 집요하게 물고 늘어져야 한다. 그 길을 안내하는 게 포수의 역할이다.

노무라는 "투수가 던지고 싶은 대로 공을 던지고, 포수는 그저 받기만 하는 야구로는 절대 이길 수 없다. 포수는 삼류 투수를 이류 투수로, 이류 투수를 일류 투수로 만들 수 있다"고 주장했다.

노무라가 난카이 감독을 맡던 시절, 수년 동안 10승 이상을 거둔 투수가 갑자기 트레이드를 요청한 적이 있다. 투수코치와 불화로 도저히 한 팀에 있기 어렵다는 하소연이었다. 그가 이적을 원한 한신에 트레이드를 제안했더니 "필요 없다"는 대답이 돌아왔다. 한신은 그 선수가 포수의 도움을 받아 좋은 성적을 올린 것이라 판단했다. 결국 그 투수는 주니치로 트레이드됐다. 대신 난카이는 주니치로부터 비주전급 선수 두 명을 받았다.

누가 봐도 난카이의 손해처럼 보였지만 노무라는 주저하지 않았다. 노무라는 그를 떠나보내면서 "냉정하게 말하면 너는 특출한 투수가 아니다. 주니치에서 더 노력하지 않으면 버티기 어려울 것이다. 너는 포수에 의지한 투수였다. 다른 포수와 호흡을 맞춘다면 네 진짜 실력을 깨달을 것"이라고 충고했다. 그는 이해할 수 없다는 표정을 지었다. 이 선수는 주니치에서 1승도 올리지 못한 채 시즌을 마쳤다. 이후 1년 만에 주니치에서 방출돼 테스트를 받고 야쿠르트에 입단했지만 불펜투수를 하다 은퇴했다. 노무라는 이 트레이드를 계기로 포수가 이류 투수를 일류 투수로 만들 수도 있다는 확신을 얻게 됐다.

포수(捕手)는 '잡는 손'이라는 뜻이다. 노무라는 단지 공을 잡아내는 역할에 만족하지 않았다. 흐름을 잡고 아이디어를 잡는 포수, 공이 아닌 승리를 잡아내는 포수가 진짜 포수라고 주장했다.

のむら かつや
Katsuya Nomura
1935~

관성에게
이유를 묻다

노무라와 후루타 아쓰야는 대단한 인연이다. 노무라보다 서른 살 연하인 후루타는 스승이 밟아온 길을 따라왔다. 무명 포수에서 중심타자로 성장했고, 분석 야구를 지향한 데다 선수 말년에는 감독을 겸임한 것까지 닮았다.

두꺼운 안경을 쓴 후루타는 첫인상부터 지성파 선수로 보인다. 그러나 후루타가 처음부터 지략이 뛰어난 건 아니었다. 노무라가 1990년 스프링캠프에서 처음 본 후루타는 그저 공을 잘 받고 잘 던지는 포수였다. 노무라는 그의 포구 자세를 보고 한눈에 반했다. 앉는 자세가 안정돼 있고 무릎관절이 부드러워 포구 때 엉덩이가 땅에 닿을 것 같았다. 그건 훈련을 통해서 얻을 수 있는 것이 아닌 타고난 재능이었다. 관찰력, 통찰력, 판단력은 이후에 갖추면 된다. 후루타가 워낙 성실한 까닭에 노무라가 잘 가르치면 좋은 포수로 성장할 걸로 믿었다.

노무라는 후루타의 타격 실력은 그다지 좋지 않다고 생각했다. 노무라는 "구단 측에 후루타의 타격이 좋아지는 데는 시간이 걸릴 것이다. 당분간 타격은 기대하지 말라"고 당부했다. 그러나 후루타는 2년 차인 1991년 타율 0.340으로 센트럴리그 타격왕에 올랐다. 2007년 은퇴할 때까지 통산 2097안타를 때려냈다. 노무라는 "후루타의 타격에 대해 내가 선입견을 가진 것 같다. 그에겐 내가 볼 수 없는 재주가 있었다. 야구는 참 재미있는 스포츠"라며 웃었다.

노무라가 야쿠르트 감독에 취임한 1990년 당시 주전 포수는 프로 6년차 하타 신지였다. 그는 포수로는 특이하게도 왼쪽 타석에 들어섰는데, 교본에 가깝다고 할 만큼 깨끗하고 안정된 폼을 갖고 있었다. 그러나 노무라는 오히려 그 점이 위험하다고 봤다. 포수가 타격에 지나치게 신경을 쓰는 걸 경계한 것이다. 포수는 투수를 리드하고 자신을 희생해야 하는데 하타는 그런 역할에는 어울리지 않는 선수였다.

4월 어느 날, 야쿠르트가 크게 이기고 있는 상황이었다. 볼카운트는 3볼-0스트라이크였다.

타석에 들어선 선수는 강타자가 아니었고, 투수의 제구력도 뛰어나지 않은 터라 누가 봐도 컨트롤하기 쉬운 직구를 던져야 할 상황이었다. 변칙이 아니라 원칙을 적용할 순간이었다.

그러나 하타는 변화구를 요구했다. 변화구 제구에 서툰 투수의 공은 스트라이크존을 어이없이 빗나가 볼넷을 허용했다. 노무라는 도저히 이해할 수 없었다. 벤치에 있던 신인 포수 후루타에게 "네가 나가!"라고 소리쳤다. 그리고 노무라는 고개를 숙이고 들어오는 하타에게 물었다.

"그런 상황에서 변화구를 요구한 이유가 뭐지?"

"그냥 타자가 직구를 노리는 것 같은 예감이 들어서요."

노무라는 현기증을 느꼈다. 상대를 현혹하기 위해 역발상이 필요할 때가 있다. 타자의 기록이나 버릇에 따라 직구가 필요한 타이밍에 변화구를 요구할 수도 있다. 그런 이유가 있었다면 노무라도 하타를 이해했을 것이다. 실패하더라도 최소한 교훈을 남기기 때문이다. 그러나 습관이나 느낌에 의존해 결정하고 행동하는 것은 아무것도 얻지 못하는, 완벽한 실패다.

프로 선수가 단지 느낌만으로 그런 플레이를 하는 것을 노무라는 이해할 수 없었다. 노무라는 이후 다시는 하타를 포수로 기용하지 않았다. 이 순간은 훗날 특급 포수로 성장한 후루타가 탄생한 계기이기도 했다.

노무라는 하타를 외야수로 전향시켰다. 꼭 그날이 아니었더라도 하타는 언젠가 후루타에게 밀릴 선수였다. 그대로 포수 마스크를 썼다면 곧 선수 생활을 마감했을지 모른다. 대신 하타는 외야수로 오랜 기간 좋은 활약을 펼쳤다. 1992년 세이부와의 일본시리즈 6차전에선 연장 10회 끝내기 홈런을 때리기도 했다. 포지션 변경은 후루타를 살리고, 하타를 재발견한 결정이었다.

후루타가 뛰어난 타자가 된 것은 포수의 본질을 잘 알고 있었던 덕분이다. 포수로서 연구를 많이 했기에 타석에 들어서도 상대 투수와 포수를 잘 읽어낼 수 있었다. 노무라는 후루타를 주전으로 기용한 뒤 옆자리에 자주 앉혔다. 상대 포수가 투수에게 요구하는 공을 보고 "저 공을 설명해봐"라고 지시했다. 이런 과정을 통해 공 배합의 원리와 심리를 후루타에게 가르쳤다. 반복 학습을 통해 후루타는 상대 배터리의 전략을 파악하는 능력을 길렀다. 후루타는 이를 자신의 타격에 이용하는 수준에 이르렀다. 영리한 선수임이 틀림없다.

예나 지금이나 안경을 쓴 포수는 드물다. 무더운 날 포수가 무거운 장비를 차고 마스크까지 착용하고 앉아 있으면 안경 렌즈에 습기가 차기 일쑤다. 안경을 썼다는 것만으로 후루타는 포수로서 커다란 약점이 있는 셈이었다.

다행히 노무라는 그런 고정관념을 가진 리더는 아니었다. 오히려 고정관념을 뛰어넘으면 열릴 수 있는 자유로운 세계에 대한 모험심이 강했다. 실제로 후루타는 은퇴할 때까지 안경을 벗지 않았고 대단한 업적을 이뤄냈다. 야구를 잘하니 안경 쓴 모습이 약점으로 보이기는커녕 후루타의 지적인 이미지를 더 강조해줬다.

후루타는 타자로서 좋은 성격도 가졌다. 그는 포수로서는 신중하지만 타자로서는 우직한 스타일이었다. 타석에 들어서기 전 직구를 노리라고 노무라가 주문하면, 후루타는 흔들림 없이 직구 하나만 기다리다가 받아 쳤다.

정보를 줘도 막상 타석에 서면 고민하다 엉뚱한 결과를 내는 선수가 많다. 그런데 후루타는 그런 면이 없었다. 후루타는 의심이나 고민 없이 외부 정보를 받아들여 타격에 이용했다. 언젠가 노무라는 후루타에게 "상대가 우리의 사인을 파악하고 반대로 승부할 수 있다"고 말했으나, 그는 "속아도 괜찮습니다. 필요한 정보를 주십시오"라고 답했다. 후루타는 추상적인 느낌보다 정확한 정보를 믿었다. 포수로서도 그랬고, 타자로서도 그랬다.

포수는 받는 직업이다. 공을 받기도 하지만, 동료 투수와 상대 타자의 심리를 받아들여야 한다. 여러 의미로 남을 배려해야 하는 포지션이다. 그래서 남들 앞에 나서기 좋아하는 성격은 포수에 맞지 않는다. 포수를 '안방마님'이라고 부르는 것도 배려와 희생이라는 덕목을 중시하기 때문이다.

분신(分身) 후루타는 하나뿐이지만 노무라는 더 많은 후루타를 갖고 싶어 했다. 그래서 포수로 뛰지 않는 선수들에게도 포수가 되어 볼 것을 주문했다. 포수가 아니더라도 포수처럼 생각하고 연구하면 야구를 이해하는 데 큰 도움이 되기 때문이다. 자신이 선 적이 없는 입장에 서고, 경험하지 못한 플레이를 경험하도록 했다. 상대 포수의 입장이라면 어떻게 자신을 상대할지를 생각하고 상대의 전략을 이겨낼 방법을 찾으라고 했다.

"투수가 던지는 어떤 공도 받아 칠 수 있다면 그냥 때리면 된다. 그러나 그런 공을 던지는 투수는 삼류일 것이다. 일류 투수는 그런

식으로 공략할 수 없다. 일류 투수와 겨루는 일류 타자가 되려면 자신과 상대를 모두 연구해야 한다."

이런 노력은 과정 자체로도 의미가 있다. 노무라는 타자가 노림수를 갖고 싸우다 삼진을 먹고 돌아오면 아무런 질책도 하지 않았다. 똑같은 스윙을 하더라도 그 과정에 고민과 연구가 녹아 있다면 나중에는 결과가 달라질 것이라 생각했고, 젊은 선수들은 그런 과정 속에서 성장한다고 믿었기 때문이다.

Chapter 5

야구의 혁명
'ID 야구'

일본 야구는 까다롭다.

미국 선수도, 한국 선수도 일본에서 성공하기는 좀처럼 쉽지 않다.
상대의 약점을 파고드는 일본 야구 특유의 집요함 때문이다.
분석 야구는 여러 사람의 노력과 지혜가 모여 만들어졌다.
앞서 노무라가 큰 흐름을 만든 덕분이다.

のむら かつや
Katsuya Nomura
1935~

보통 사람, 뛰어난 지도자

노무라는 말이나 느낌을 별로 믿지 않는다. 데이터를 믿는다. 숫자는 거짓말을 하지 않는다. 다만 숫자를 잘못 해석하는 경우가 있을 뿐이다.

어떤 타자가 어떤 투수에게 강한지, 어떤 볼카운트에서 타격하기를 좋아하는지, 안타는 주로 어느 방향으로 때리는지 등의 자료는 경기 전에 다 나와 있다.

힘을 가진 리더는 감정적이 되기 쉽다. 왼손 투수는 모든 오른손 타자에게 약할 것이라는 고정관념, 나이 든 선수는 기량이 더 이상 발전하지 않을 것이라는 생각에 사로잡힐 가능성이 높다. 야구는 사람이 하는 것이지 숫자가 하는 게 아니라고 생각한다.

노무라는 감독이 느낌만으로 선수를 기용하고, 상황을 파악하는 것을 경계했다. 어차피 판단을 내릴 때는 감정이 조금이라도 들어

갈 수밖에 없기에 판단의 근거는 반드시 과학적이어야 한다고 생각했다. 노무라는 최대한 많은 데이터를 만들었고, 숫자와 씨름했다. 자신부터 논리적으로 납득시켜야 했다. 그래야 선수들이 이해하고 따라온다. 이것이 노무라의 데이터 야구, 데이터 경영의 요체다.

노무라는 일본 야구를 연구의 영역으로 끌어들인 일본 최초의 인물이라고 볼 수 있다. 그는 '생각하는 야구'를 선도적으로 펼쳤고, 자신의 야구 철학과 기법을 담은 책을 출간했다. 상세하고 비밀스러운 일부 정보는 감췄지만 자신의 야구를 세상에 소개하는 것에 주저함이 없었다. 현역 감독으로 뛰며 경쟁자들에게 자신의 노하우를 공개한 셈이다.

현직 감독이 마땅히 숨겨야 할 전략을 대중에게 공개한 데는 두 가지 숨은 뜻이 있었다. 노무라는 상대에게 어느 정도 정보를 공개해도 역습을 당하지 않을 것이라는 자신감이 있었다. 또한 노무라는 어설프게 자신을 흉내 내는 상대를 전혀 두려워하지 않았다. 자신의 스타일을 좇아오는 감독에겐 절대 지지 않는다고 했다. 자신이 만든 길을 따라오는 자들의 생각을 꿰뚫고 있어서였다. 오히려 그와는 전혀 다른 스타일로 덤벼드는 팀을 경계했다. 자신과 대척점에 있는 상대의 의중을 파악하기 힘들어했다.

또 하나의 이유는 상대가 미리 겁을 먹도록 하기 위해서였다. 끊임없이 자신의 야구 철학을 설파하면서 노무라가 만든 팀, 노무라가 짜낸 전략에 대한 두려움을 생산한 것이다. 죽은 공명이 산 중달을 좇아내는 것처럼, 노무라가 벤치에 앉아 있는 것만으로 상대에게 부담감과 어려움을 줄 수 있다. 노무라가 가만히 있어도 노무라의 책이 쉴 새 없이 말하고 움직이는 것이다. 적장은 "노무라는 늘 생각하고 연구하고 있어. 이번엔 무슨 수를 쓸지 모르겠네"라며 고개를 젓는다. 또 "여기서 노무라는 절대 정석대로 작전을 내지 않을 거야"라며 혼란에 빠지기도 한다. 싸우기도 전에 상대를 혼란과 두려움에 빠뜨리는 것이다.

노무라는 선수로서 빼어난 활약을 했고 30대 중반에 들어서도 괜찮은 기량을 보였다. 그렇다고 그가 은퇴 후 모두가 어려워하고 두려워하는 지도자가 될 것이라곤 누구도 예상하지 않았다. 먼저 노무라가 감독에까지 오르리라고 예상하기 어려웠다. 노무라는 당시로서는 드문 고졸 선수였다. 1960년대 일본은 지금보다 학력을 더 중요시했다. 야구 선수의 학력과 기량은 분명 상관관계가 없다. 그러나 팀의 얼굴이자 지휘자인 감독이 되는 것은 조금 다른 문제다. 당시만 해도 팀을 운영하는 사령탑은 당연히 대학을 졸업해야 한다고 여겼다. 야구계에서도 대학 인맥이 중요하기에 '고졸 감독'은 상상하기 어려웠다. 당시 일본 12개 구단 감독들은 모두 대학을 졸업하고 선수 시절부터 엘리트 코스를 밟아온 사람들이었다.

또 하나의 장애물은 노무라가 상당히 거물 선수였다는 점이다. 스타플레이어 출신 감독 중 성공한 사례는 그리 많지 않다. 스타에게 특별한 재능이 있는 건 분명하지만 지도자가 돼서는 그 재능이 오히려 단점으로 작용할 가능성이 높다고 여겨졌다. 스타들은 대부분 자신보다 못한 사람을 이해하고 끌어안는 데 서툴다.

연습생 출신이라 해도 노무라가 은퇴를 할 즈음엔 대단한 업적을 남겼다. 이른바 슈퍼 엘리트는 대부분 천재적인 자질을 타고난 이들이다. 그들에게는 세상이 어렵지 않다. 그러나 노무라는 재능보다는 지독한 노력으로 정상에 올랐다. 노무라는 평범했기에, 최고가 되기에는 재능이 모자랐기에 항상 치열하게 싸웠다. 노무라에게는 약한 자를 강하게 만드는, 약팀을 이기게 하는 방법이 있었다.

세상이 노무라의 지도자 자질을 알아줄 리 만무했다. 그래서 노무라는 지도자가 될 욕심을 내지 않았다. 대신 평론가가 될 것을 염두에 두고 있었다. 그가 타자로서, 또 포수로서 일가를 이루자 노무라에게 야구 평론을 부탁하는 신문사와 방송사들이 많아졌다. 노무라는 은퇴 이후를 대비할 기회라 생각하고 관전평을 적극적으로 쓰기 시작했다. 프리랜서 개념의 평론가라면 학력이 아닌 능력만 있으면 된다고 노무라는 믿었다. 그래서 일본 최고의 평론가가 되는 것으로 제2의 삶을 설계한 것이다.

제2의 야구 인생을 준비하는 노무라에게 최고의 자산은 'ID 야구'였다. 노무라 이전 시대의 야구는 힘이고 스피드이며 감각이었다. 노무라는 남들보다 힘이 센 것도 아니고 스피드가 빠른 것도 아니었다. 약한 자가 강한 자를 이기기 위해서는 다른 방법이 필요했다. 그 방법을 찾기 위해 각종 기록을 찾고, 분석하고, 가공했다. 야구를 정보전으로 바꾼 일본 최초의 인물이었다. 노무라 이후 일본 야구는 세밀하게 바뀌었다. 힘만 세거나 기술이 세련되지 못한 선수는 낱낱이 분석당해 이류, 삼류로 추락했다. 노무라의 야구는 일본은 물론 1990년대 이후 한국 프로야구에도 영향을 끼쳤다. 노무라는 훗날 평론가가 돼서 심오한 야구, 시각이 다른 야구를 팬들에게 알리고 싶었다.

그가 선수로 뛰던 1969년 말 놀라운 일이 벌어졌다. 난카이 구단이 노무라에게 감독직을 제안한 것이다. 그의 나이 34세였다. 기회는 멀리 있지 않았다. 그의 선수 생활을 오랫동안 지켜본 난카이에 찬스가 있었다. 선수 생활을 하던 중 갑작스러운 제안을 받은 노무라는 깜짝 놀랐다. 15년 전 연습생 노무라를 해고하려 했던 팀이 야구단 최고 지휘권을 자신에게 주려는 사실이 믿어지지 않았다.

냉정을 찾고 보니 감독 요청은 노무라에게 그리 달콤한 제안만은 아니었다. 당시 난카이는 난파선 같았다. 난카이는 1950년 양 리그로 나뉜 뒤부터 줄곧 퍼시픽리그 1, 2위를 달리다가 1966년 리그 우승 후 내리막길을 걸었다. 1969년에는 리그 최하위까지 떨어졌다.

타선에서는 노무라 외에 이렇다 할 타자가 없었고, 에이스 스기우라는 은퇴를 앞두고 있었다. 유능한 선수도 없는데, 선수를 보강할 계획조차 없었다. 투자에 인색한 난카이 구단은 외부에서 감독을 데려오는 것조차 망설이다가 선수로 뛰고 있던 노무라를 은퇴시키고 감독으로 앉히려 했다. 난파선 선원에게 선장을 맡기려는 것이었다.

고민 끝에 노무라는 구단의 제안을 거절했다. 고마운 제안이기는 하지만 준비 없이 일을 시작하는 건 노무라 스타일이 아니었다. 또 온갖 고생 끝에 얻은 4번 타자와 주전 포수 자리를 지키고 싶었다. 또 준비가 되지 않은 상황에서 지도자 생활을 시작하고 싶지 않았다. 문제투성이 팀을 맡았다가 실패한다면 야구 인생이 단번에 끝날 수 있다고 생각했다.

그러자 난카이 구단은 수정안을 제시했다. 선수와 감독을 겸임하라는 것이었다. 노무라는 이번에도 거절했다. 팀마다 선수가 모자랐던 프로 초창기라면 모를까 선수 겸 감독은 어림없었다. '감독 노무라' 역할에 충실하다 보면 '4번 타자 노무라' 또는 '포수 노무라'는 부진에 빠질 것이다. 슬럼프에서 벗어나기 위해 개인 훈련을 하다 보면, 팀을 지휘하는 데 충실하지 못할 수밖에 없다. 아무리 생각해도 수락하기 어려웠다. 구단도 물러서지 않았다.

"최하위가 된 난카이를 일으킬 인물은 자네밖에 없네. 구단의 제안을 받아주게."

이렇게 나오자 노무라도 흔들렸다. 언제까지 자신만 생각할 수 없었다. 또한 언젠가부터 자신이 가진 걸 지키려고 하는 자신의 모습이 낯설게 느껴졌다. 잃을 것이 없어서 도전을 주저하지 않았던 그다. 선수로서 최고의 자리에 오르자 새로운 도전을 두려워하는 자신을 발견했다. 현재에 만족하는 건 노무라답지 않다. 그는 생각을 바꿨다. 난카이는 꼴찌이기에 앞으로 더 나빠질 것이 없다고 생각했다. 당시 난카이는 스무 살의 노무라와 꼭 닮아 있었다. 0에서 출발하는 선상 위에 있었다. 도전하기로 마음먹었다.

감독이 된다는 것은, 리더가 된다는 것은 자신의 어깨에 팀의 운명을 짊어진다는 의미다. 책임감은 꼭 필요하지만 부담감에 짓눌린다면 아무것도 할 수 없다. 사실 노무라는 선수 시절부터 '작은 리더'였다. 포수로서 동료 투수를 이끌던 일을, 타자로서 상대 투수와 싸우던 일을 팀과 팀의 싸움으로 확장하면 될 일이었다. 선수 시절 해온 '생각하는 야구'를 팀에 적용하면 좋은 감독이 될 수 있다고 믿었다. 그는 선수 겸 감독직을 수락했다. 물론 노무라는 난카이 지휘봉을 잡은 것을 시작으로 자신이 평생 꼴찌 팀만 맡게 되리라는 것은 알지 못했다.

のむら かつや
Katsuya Nomura
1935~

ID 야구의 시작

야구는 다른 스포츠에 비해 약자가 이길 기회가 많다. 승률 60%면 1위를 할 수 있고, 꼴찌의 승률도 40%에서 크게 떨어지는 법이 없다. 싸우는 방법에 따라 10%가 올라갈 수도 내려갈 수도 있다.

스무 살 노무라는 재능이 부족한 약자였다. 그래서 노력을 통해 약자가 강자를 이길 수 있는 공략법을 찾고 또 찾았다. 힘을 기르고 기술을 연마하는 데 그치지 않고 야구를 진지하게 공부했다. 방향을 명확히 설정한 다음에 열심히 뛴 것이다. 지도자가 돼서도 마찬가지였다. 방향을 정하는 것이 그에게 가장 중요했다.

노무라가 난카이 선수로 뛸 때 사령탑은 쓰루오카 가즈토 감독이었다. 쓰루오카 감독의 야구는 근성 야구, 또는 정신력 야구로 표현된다. 전력분석팀을 만드는 등 선진 야구를 도입하려는 노력을 하기도 했지만, 쓰루오카는 기본적으로 명선수이자 특공대 중대장 출신이다. 피가 뜨겁고 자기 확신에 넘치는 인물이었다. 그는 선수들에게 근성만을 강조했다.

상대 타선에 안타를 잔뜩 얻어맞고 벤치로 돌아오면 쓰루오카 감독은 노무라에게 화를 냈다.

"노무라, 무슨 사인을 낸 거야?"

"직구입니다."

"멍청이, 자네는 프로야!"

노무라는 '이런 상황에서는 직구 승부를 하면 위험하구나'라고 생각했다. 나중에 비슷한 상황에서 변화구 위주로 공 배합을 하다 또 난타를 당했다.

"이번엔 무슨 사인을 냈어?"

"커브입니다."

"멍청이!"

혼란스러웠다. 야단을 맞더라도 이유를 물어야 했다. 쓰루오카 감독을 찾아가 "그런 경우에는 어떤 사인을 내야 합니까?"라고 물었다. 돌아온 답은 "뭐? 모르겠으면 공부해!"였다.

쓰루오카 감독은 입버릇처럼 멍청이라고 말하고 다녔기에 노무라는 그 말에는 별로 신경 쓰지 않았다. 그러나 답답함은 풀고 싶었다. 어떤 상황에서 어떤 승부를 해야 이길 수 있을지 공부를 해야 했다. 노무라에 앞서 공부한 사람이 없었으니 그가 하는 수밖에 없다고 생각했다. 노무라의 고민은 훗날 그가 '생각하고 분석하는 야구'

를 구현하는 중요한 계기가 됐다.

노무라는 감독 제안을 수락하면서 한 가지 조건을 걸었다. 부(副)감독에 상응하는 인물을 수석코치로 임명해달라는 것이었다. 노무라는 메이저리그 선수 출신 2루수 돈 블레이저를 난카이 구단에 추천했다. 당시 일본에 있던 외국인 선수와 코치는 대부분 미국 2군에 해당하는 마이너리그 출신이었다. 그러나 블레이저는 최상위 리그인 메이저리그에서 꽤 괜찮은 성적을 낸 경력이 있었다. 일본에서 그는 상당히 영민한 플레이를 선보였다.

노무라는 난카이 동료인 블레이저의 플레이에 매료됐다. 당시엔 메이저리거라 하면 어마어마한 파워만을 떠올렸다. 그렇지만 미국이 일본보다 50년가량 먼저 야구를 시작한 만큼 전략적인 부분에서도 앞서 있었다. 노무라는 그게 탐났다. 그래서 블레이저를 찾아가 몇 번이나 식사를 대접했다. 노무라가 더 큰 스타였지만 블레이저에게 배우고 싶은 게 많았기 때문이다. 신인 선수 시절 메이저리그의 파워에 감탄했던 노무라는 블레이저와의 대화를 통해 미국 야구에는 세밀함까지 녹아 있다는 점을 깨닫고 깜짝 놀랐다.

노무라는 감독 제안을 받고 블레이저를 가장 먼저 떠올렸다. 그라면 훌륭한 참모가 되어줄 것으로 믿었다. 초보 감독이 참모로 삼기에 블레이저는 큰 인물이었다. 리더는 차세대 리더를 경계하게 마련이다. 당장은 한배를 타고 있는 것 같지만 언젠가는 자신을 위협할 확률이 높기 때문이다. 실제로 블레이저는 훗날 난카이와 한신 감독을 맡았다. 그러나 노무라는 독단에 빠지지 않았다. 자신의 힘이 부족하다고 인정했고, 그래서 뛰어난 인물의 도움을 원했다. 1970년 노무라 감독-블레이저 수석코치 체제가 출범했다. 그의 리더십은 자신의 한계를 인정하고 다른 사람을 품는 것으로 시작됐다.

쓰루오카 감독은 용맹한 장수이기는 했으나 뛰어난 전략가는 아니었다. 상관을 뛰어넘는 부하는 나오기 어렵다. 리더의 그릇이 작으면 구성원이 성장할 기회 또한 적다. 쓰루오카 감독은 틈만 나면 근성이나 정신력을 들먹였다. 난카이 선수들은 방향성 없는 노력을 해댔다. 노무라와 블레이저의 눈에는 이유와 목적 없이 그냥 뛰기만 하는 선수들의 땀이 매우 아깝게만 보였다. 당장 훈련의 효율을 높이기 위한 작업에 착수했다. 블레이저 코치는 매일 야구 강의를 열었다.

"주자가 1루에 있고 히트앤드런(주자는 뛰고 타자는 치는 작전) 사인이 났다. 타자는 어떻게 해야겠는가?"

"어떻게든 땅볼을 때려야죠."

"그것뿐인가?"

"……"

"땅볼로 굴리는 것이 다가 아니다. 유격수와 2루수 중 누가 2루 커버를 들어오는지 읽어야 한다. 유격수가 2루를 커버하면 원래 유격수 자리로 땅볼을 굴리면 된다. 그럼 주자와 타자 모두 세이프 될 가능성이 높아진다."

"그걸 어떻게 읽어내나요?"

"내야수들은 그들끼리 사인을 주고받는다. 각자 다르긴 하지만 패턴은 있다. 주의 깊게 관찰하면 누가 베이스 커버를 들어가는지 알아내는 건 어렵지 않다."

"그게 다인가요?"

"대개 유격수와 2루수는 동료 배터리가 나눈 사인을 보고 베이스 커버를 할 사람을 정한다. 예를 들어 오른쪽 타자 몸 쪽 코스로 던지겠다는 사인이 났다고 치자. 그렇다면 타자는 유격수 쪽으로 타구를 날릴 가능성이 높다. 이때는 보통 2루수가 베이스 커버를 들어가겠다고 사인을 낸다. 이런 때 타자는 2루 쪽으로 타구를 보낼 줄 알아야 해. 알겠나? 당장 훈련하라고!"

양 팀이 9회 공방을 벌이면 보통 세 시간 이상 걸린다. 그 가운데 치고 던지고 달리는 시간은 모두 더해봐야 30분 남짓이다. 나머지는 상대를 파악하고 이길 방법을 고민하는 시간이다. 이 싸움에서 지면 절대 이길 수 없다. 노무라 야구의 출발점이 여기다.

새로운 시도는 처음엔 다수의 이해를 받지 못한다. 과학적·논리적으로 야구에 접근하려는 그의 시도는 초창기 많은 저항에 부딪혔다. 구단은 물론 선수들도 노무라 야구를 쉽게 받아들이지 못했다.

공을 던지고 때리는 건 선수들이다. 그래서 전임 쓰루오카 감독은 선수들에게 더 강한 힘과 정신력을 요구하며 이기라고 독려했다. 노무라는 반대였다. 감독의 역량으로 선수들이 더 잘 던지고 잘 때릴 수 있다고 믿었다. 노무라는 선수들을 다그치는 대신 논리적으

122

로 설득하기 시작했다. ID 야구의 초석을 다지는 과정이었다.

ID 야구의 1단계는 확률과 통계 등 숫자를 믿는 것이다. 그러나 모든 데이터를 똑같이 믿을 수는 없다. 그중에서 가치 있는 데이터를 뽑아내는 작업이 중요하다.

왼손 타자는 오른손 언더핸드 투수에게 강하다는 통계가 있다. 그런데 A라는 왼손 타자는 그렇지 않다. 언더핸드 투수가 던지는 직구에는 강하지만 커브에는 제대로 대처하지 못하기 때문이다. 감독은 그것도 모르고 커브를 잘 던지는 언더핸드 투수를 상대할 때 A를 대타로 내보내서는 안 된다.

B라는 오른손 타자는 타구를 좌익수 쪽으로 자주 보낸다. 그래서 B가 타석에 들어서면 외야수들은 왼쪽으로 치우쳐 자리를 잡는다. 그러나 타자의 타구 방향은 그렇게 단순하게 결정되지 않는다. B는 직구와 커브는 잡아당겨 좌측으로 잘 보내지만, 슬라이더는 주로 밀어 쳐 중견수와 우익수 사이로 날린다. 이 점을 놓치면 쉽게 잡을 수 있는 타구를 안타로 만들어줄 수 있다. 수많은 데이터를 수집하고 가장 중요한 것을 뽑아내고 중요한 순서를 정해야 한다.

2단계는 데이터 너머의 느낌이다. 데이터가 모든 현상을 설명하고 예측하지는 못한다. 이를테면 타자 C는 첫 타석 타율이 좋다. 감독은 C가 첫 타석에 들어서면 희생번트가 필요한 상황에서도 좀처럼 작전을 걸지 않고 그를 믿는다. 그런데 C는 투수 D를 상대하면 안타를 거의 치지 못한다. C가 첫 타석 무사 1·2루에서 투수 D와 만났다면 두 가지 데이터가 충돌하는 셈이다. 이때 감독은 어떤 지시를 내려야 할까?

믿을 만한 데이터가 없거나 두 가지 데이터가 충돌할 때도 합리적인 결정은 필요하다. 이런 경우에는 감독이 C를 불러 "네 마음껏 해봐라"라며 공격 방법을 스스로 선택하도록 맡길 수 있다. 또 투수 D의 컨디션이 좋지 않음을 간파했다면 과감하게 강공을 지시할 수도 있다. 어떤 판단을 하더라도, 설사 결과가 좋지 않더라도 의사결정을 할 때는 납득할 만한 과정이 필요하다는 것이 노무라의 생각이다. 그래야 지더라도 그 이유를 알 수 있고, 다음엔 같은 실수를 저지를 확률이 낮아지기 때문이다. 느낌이라고 해서 다 같지는 않다. 논리적인 사람의 느낌에는 나름의 합리가 숨어 있다.

3단계에선 넓은 시야를 필요로 한다. 하루하루 전투를 하면서도 큰 전쟁을 생각해야 한다. 상황에 맞는 전술을 짜면서도 핵심 전략이 있어야 한다. 누구도 매일 이길 수는 없기에 멀리 보며 큰 승리를 준비해야 하는 것이다. 노무라는 "승리에는 이유가 없을 수 있어도, 패배에는 반드시 이유가 있다"고 말한다. 이길 때는 자신이 왜 이겼는지 모를 때가 많다. 잘못과 실수가 있다 하더라도 결과적으로 이겼기 때문에 덮고 넘어가는 경우가 많다. 그러나 패배는 뼈아픈 자기반성을 수반한다. 누구와의 싸움에서 졌는지, 언제 상황 판단을 잘못했는지, 어떤 방법을 잘못 썼는지를 복기(復碁)하다 보면 내가 왜 졌는지 이유를 알 수 있다. 패배에서 배울 수 있다면, 패배를 두려워할 것만도 아니다.

노무라는 가끔 일부러 지기도 했다. 더 정확하게 말하면 경기 중

선수에게 일부러 어려운 선택을 하게 했다. 투수가 힘에만 의지하는 무모한 승부를 고집한다면 홈런을 얻어맞더라도 그의 뜻대로 하도록 맡겼다. 홈런 한 방을 맞고 정신을 번쩍 차리면 다행이라고 여겼다. 설사 투수의 고집을 꺾지 못해 한 경기를 내주더라도 노무라는 후회하지 않았다. 그 투수가 1패를 당한 뒤 반성을 하고 생각을 바꾼다면 훗날 10승 이상을 더 올릴 수도 있기 때문이다. 일본 프로야구는 1년에 팀당 144경기를 치른다. 1승을 소중히 여기는 것은 당연하지만 거기에만 매몰돼 있으면 1년의 큰 승부를 볼 수 없다. 노무라는 경기를 통해 정보를 수집하고 선수들을 교육했다. 당장보다는 다음 달에, 내년 시즌에 더 강한 팀을 만들기 위해서였다.

のむら かつや
Katsuya Nomura
1935~

극강의 요미우리를
이기는 법

강한 상대와 전면전을 한다면 보나 마나 백전백패다. 강한 상
대는 한 번에 쓰러뜨리기 어렵다. 정면 승부를 피하고 작은
싸움을 걸어야 한다. 기습적인 한 방을 날리거나 상대를 귀찮게 해
쓰러뜨려야 한다. 야구에서는 작은 싸움을 스몰볼(Small-ball)이라고
한다. 다양한 작전을 구사하고 조직력을 우선시하는 야구다. 데이
터도 많이 활용한다. 노무라는 작은 야구로 큰 상대를 쓰러뜨렸다.

노무라는 난카이에서 8년간 감독 겸 선수로 뛰었다. 꼴찌 팀을 맡
은 첫해인 1970년 리그 2위에 올라섰고, 1973년에는 리그 우승을
차지했다. 감독 겸 선수였던 노무라는 그해 최우수선수상까지 수상
하는 진기록을 세웠다. 그런데 묘하게도 선수 생활보다 감독 생활
이 먼저 끝났다. 성적은 늘 중상위권 이상을 유지했고 선수단의 존
경을 받았지만, 구단은 성격 강한 노무라와 계속 삐걱거렸다.

1976년과 1977년 연속 리그 2위를 하고도 노무라는 감독직에서 물러났다.

이후 선수 노무라는 롯데와 세이부에서 뛰다가 45세에 은퇴했다. 은퇴한 후에는 평론가로서 활약했다. 거칠더라도 바른 말을 하는 그에게 잘 어울리는 일이었다. 야쿠르트에서 감독직을 제안해올 때까지 그라운드를 떠나 9년을 보냈다.

야인으로 보낸 9년은 노무라에게 또 다른 자산이 됐다. 야구를 밖에서 보는 기회였고 덕분에 야구와 세상을 보는 시야가 넓어졌다. 노무라의 리더십, 인재·조직관리가 정점에 있던 시기, ID 야구가 꽃을 피운 시기가 야쿠르트 감독으로 보낸 9년간이다. 젊은 시절 그의 리더십은 너무나 딱딱해서 인간미가 떨어진다는 평가도 있었다. 젊은 리더가 빠지기 쉬운 함정을 그도 피하지 못했다. 이런 비판은 훗날 노무라가 사람을 최우선으로 여기는 밑거름이 됐다.

야쿠르트가 우승하기 위해서는 센트럴리그의 맹주 요미우리를 이겨야 했다. 요미우리의 목표는 일본 최고가 아니다. 미국 메이저리그에 도전하는 것이었다. 막대한 자본을 앞세워 다른 팀과 비교할 수 없을 만큼 좋은 선수들을 매년 보강했다. 훗날 메이저리거가 된 마쓰이 히데키를 비롯한 강타자들이 줄 서 있었다. 마쓰이 외에도 스타플레이어가 많았고 연봉도 다른 팀 선수들보다 더 받았다. 보너스와 각종 후원금까지 합치면 요미우리 선수들의 몸값은 다른 선수들보다 몇 배 높았다. 요미우리는 취약한 포지션이 있으면 다른 팀 선수를 비싼 돈을 주고 사 왔다. 그래서 요미우리와 다른 구단의 전력 차이는 점점 커졌다.

"스타들에 의존한 요미우리 야구는 재미없다."

"요미우리는 결국 돈으로 우승을 사는 것 아닌가?"

"요미우리 감독은 약한 전력으로 강한 상대를 이기는 재미를 모를 거야."

노무라는 틈만 나면 요미우리를 도발했다. 세상 모두가 들을 수 있도록 미디어를 이용했다. 순위 결정을 앞둔 시즌 막판에는 더 그랬다. 당시 일본인 절반 이상이 요미우리를 응원했다. 노무라도 소년 시절 요미우리를 드림팀으로 여겼고, 요미우리 선수가 되는 미래를 꿈꿨다. 그러나 약팀을 이끌고 있는 노무라에겐 강팀 요미우리는 동경의 대상이 아니라 극복의 대상이었다.

요미우리에 대한 도발은 노무라의 자격지심에서 비롯된 것처럼 보였다. 그러나 노무라는 자신의 감정을 다스리지 못할 정도로 어리석은 리더가 아니었다. 상대를 자극하기 위해서였다. 노무라가 이렇게 떠들면 상대는 흥분하게 마련이다. 그리고 그들의 강한 힘을 모아 약한 야쿠르트를, 노무라를 혼내주려 한다. 노무라는 그걸 노렸다.

노무라는 "요미우리가 흥분하기를 바랐다. 그러다 보면 실수를 하게 되고, 무리수를 두게 된다. 나는 사실 요미우리와 정면 승부를 할 생각이 없었다. 3연전 중에서 1승이면 충분하다고 생각했다. 한 번은 실력으로, 운 좋으면 상대 실수로 한 번 정도 더 이길 수 있었다"고 말했다. 약자는 강자와 정면으로 부딪쳐서는 이길 수 없다.

노무라가 요미우리를 도발한 데는 상대 실수를 유도하기 위한 전략이 숨어 있었다.

또 하나. 요미우리를 이겨도 1승을 얻고, 요미우리가 아닌 약한 팀을 이겨도 같은 1승을 얻는다. 노무라는 힘을 분배할 줄 알았다. 요미우리를 상대하며 힘을 빼기보다는 이기기 쉬운 다른 팀을 확실히 제압했다. 맞붙을 때 야쿠르트는 요미우리보다 약한 팀 같았다. 그러나 한 시즌이 끝나면 야쿠르트의 승리가 더 많았다.

노무라 재임 기간인 1990년부터 1998년까지 야쿠르트는 네 차례나 리그 우승을 차지했다. 이 기간 요미우리의 리그 우승은 세 차례였다. 요미우리는 약이 잔뜩 올라 있었다. 특히 1993년 나가시마 시게오가 요미우리 감독으로 부임한 이후엔 더욱 그랬다. 그럴수록 노무라는 요미우리와 힘 대결을 하지 않았다. 세밀한 전략을 썼고 상대의 심리를 파고들었다. 요미우리의 약점을 모아뒀다가 필요할 때 활용했다.

노무라는 "미국 메이저리그를 이기고 싶은가. 그들의 힘을 꺾고 싶은가. 그렇다면 일본 야구는 더 세밀해야 한다. 메이저리그 야구를 힘과 힘의 충돌로만 생각한다면 오산이다. 그들도 엄청나게 연구하고 분석한다. 힘이 약한 일본 야구는 더 정확하고 섬세해야 한다. 그래야 이길 수 있다"고 강조했다. 노무라는 "2000년대 일본시리즈 챔피언은 대체로 스몰볼을 하는 팀들이 차지했다. 힘만으로는 이길 수 없다. 준비와 지략이 필요하다"고 덧붙였다.

스몰볼은 개인의 힘과 기술을 중시하는 롱볼(Long-ball)과 반대

개념의 야구다. 프로야구의 국제대항전 월드베이스볼클래식(WBC)에서 스몰볼로 무장한 일본은 미국, 쿠바 등을 꺾고 2006년 대회 초대 챔피언에 올랐다. 2009년 제2회 대회에서도 일본은 메이저리그 선수들이 포진된 팀을 꺾고 우승했다. 일본은 강한 팀들을 비교적 쉽게 꺾었지만 세밀함과 팀워크가 뛰어난 한국에 고전했다. 아시아 야구는 끊임없이 발전하고 있고 과거와는 다른 방법으로 메이저리그와 맞서고 있다. 한국 야구도 나름의 컬러를 갖고 미국·일본과 싸웠다. 여기에 노무라의 야구가 큰 역할을 했다.

흔히 한국 야구는 미국과 일본 스타일의 중간쯤으로 평가받는다. 1998년 이후 외국인 선수들이 한국 프로야구에 들어와 경쟁하면서 한국 선수들의 파워도 좋아졌다. 웨이트트레이닝의 중요성을 깨달았고 그들과 힘으로 맞섰다. 한편으로 한국의 감독과 코치들은 일본의 정교한 야구를 배웠다.

김성근 감독을 비롯한 리더들은 노무라의 ID 야구에서 많은 영감을 얻어 한국식 야구를 만들었다. 한국 선수들은 일본 선수들보다 체격이 좋고, 메이저리그 선수들보다 작전에 능하다. 2007년~2011년 김성근 감독이 이끈 SK는 파워와 세밀함의 균형을 잘 갖춘 팀이었다. 또 한국 야구 대표팀이 2006년 WBC 4강, 2009년 WBC 준우승의 성과를 거둘 때도 한국 야구의 색깔이 잘 드러났다. 일본을 파워로 눌렀고, 미국을 조직력으로 이겼다.

2009년 대회 때 한국은 일본과 다섯 차례 맞붙어 2승 3패를 기록했다. 마지막 패배가 결승전이었다. 그러나 당시 라쿠텐 감독이었던 노무라는 일본 대표팀의 공 배합과 작전 미스 등의 허술함을 지적했다. 뿐만 아니라 "한국이 우승할 것 같다"며 일본 대표팀을 자극하기도 했다. 노무라는 단지 독설을 토해낸 게 아니라 대표팀 포수 조지마 겐지의 공 배합의 문제점을 조목조목 따졌다. 몇몇 선수들은 노무라의 지적을 불편하게 받아들였지만 틀린 말이 아니었기에 제대로 반박하지 못했다.

Chapter **6**

100명에게서 100가지
재능을 뽑아내라

태어날 때는 다들 비슷하다.

어떻게 사느냐에 따라 전혀 다른 모습으로 나이를 먹는다.

누구나 강해질 수도, 약해질 수도 있다. 지금 약해 보이는 사람도 강해질 가능성이
있다. 리더는 그걸 찾아내야 한다. 100명에게서 각자 다른 100가지 장점을 찾아
뽑아내야 한다.

のむら かつや
Katsuya Nomura
1935~

약자는
약진할 수 있다

야구 경기에서 뛸 수 있는 선수는 25명이다. 그들은 각자 다른 역할을 맡는다. 주전 선수들은 각자 포지션에 따라 다른 역할을 한다. 백업 선수도 대주자와 대수비 요원 등으로 나뉜다. 주전이 아니라면 한 번도 그라운드를 밟지 않은 채 한 경기가 끝나기도 한다.

선발투수의 이름을 보고, 1번부터 9번까지 타순을 보면 팀이 얼마나 강한지 알 수 있다. 그러나 야구는 이들 주전 선수들로만 싸우는 게 아니다. 주전보다 더 많은 후보 선수들이 있고, 2군에는 1군보다 더 많은 선수들이 기회를 기다리고 있다. 주전 10명에 의존하는 리더보다 25명을 다 활용하는 팀이 강하다. 1군의 25명만 보는 게 아니라 2군 선수들까지 폭넓게 파악하고 기용하는 리더가 더 뛰어나다.

노무라가 맡은 팀은 강하지 않았다. 그래서 더 많은 선수를, 더 넓은 시야로 볼 필요가 있었다. 난카이 감독 시절 노무라는 기량이 모자라는 선수를 1군에 올려 벤치에 앉혀놓는 일이 종종 있었다. 기량이 뛰어나지 않은 선수를 중용한 이유는 그만의 특별한 면을 높게 평가해서였다. 야구 실력은 별로지만 성격이 밝고 입담 좋은 선수가 있었다. 그에겐 팀 분위기를 밝게 만드는 탁월한 재주가 있었다. 난카이 타선이 점수를 뽑아내지 못하고 있으면 그가 소리친다. "이봐, 너무 걱정하지 마. 노무라도 안타를 못 때리고 있잖아. 4번 타자이자 감독인 노무라도 못하는데 우리가 못 치는 건 당연하잖아."

무거웠던 공기가 순식간에 바뀌었다. 이런 선수는 어설픈 실력만 믿고 거드름을 피우거나 사사건건 동료들과 마찰을 일으키는 선수보다 훨씬 쓸모 있다. 프로 선수들은 본능적으로 동료들과도 경쟁하게 된다. 그런 분위기를 잠시라도 바꾸고, 팀워크에 도움을 주는 선수라면 25번째 선수로 매우 훌륭하다고 노무라는 생각했다. 훗날 그 선수가 구단으로부터 해고 통보를 받았을 때 노무라가 막아주기도 했다. 기능이 아닌, 다른 측면에서 공헌하는 점도 노무라는 높이 산 것이다.

모든 조직에는 궂은일을 하는 사람이 있다. 희생정신으로 하는 사람도 있고, 상사의 지시로 하는 사람도 있다. 이들을 어떻게 대우하는지가 중요하다. 빛나지 않는 일을 한다고 그걸 당연하게 여긴다면 팀의 미래는 밝지 않다. 그들의 재능을 발견하고 보상하는 것도 리더의 역할이다.

팀플레이어는 보석 같은 존재다. 이런 보석은 항상 숨어 있는 건 아니다. 누구나 볼 수 있지만 아무도 보지 않는 보석도 많다. 이를테면 라인업에서 2번 타자를 맡는 선수가 그렇다. 현대 야구에서는 2번 타자의 중요성이 꽤 강조되고 있지만 1970년대만 해도 그렇지 않았다. 당시 2번 타자의 역할은 1번 타자가 출루하면 보내기번트를 대거나 진루타를 때리는 것이었다. 자기 마음껏 타격하는 일은 별로 없었다.

노무라는 "2번 타자는 접착제와 같다. 자신을 희생해서 중심타자에게 찬스를 넘긴다. 자기가 빛나기보다는 승리를 먼저 생각해야 하는 역할이다. 영화로 치면 훌륭한 조연이다"라고 평가했다. 과거에 '위대한 2번 타자'는 없었다. 조연 역할을 완벽하게 수행하는 선수가 드물뿐더러 실력이 뛰어나면 언젠가는 빛나는 타선인 1번이나 3번으로 이동하기 때문이다. 팀을 위해 자신을 억누르는 것이 그만큼 어렵다는 뜻이기도 하다.

누구나 빛나고 싶어 한다. 누구나 공을 세우고 싶어 한다. 내 희생이 공로로 인정받지 못한다면 그 일을 오래 할 수 있는 사람은 거의 없다. 그러나 희생정신은 팀을 위해서 반드시 필요하다. 리더는 팀플레이어의 가치를 인정해야 한다. 리더가 어떤 생각을 갖느냐에 따라 팀플레이어의 희생이 후한 평가를 받기도 하고, 무시당하기도 한다. 팀을 위해 희생하는 사람을 리더가 충분히 대우해준다면 팀플레이어는 계속 생겨날 것이다. 훌륭한 감독들은 예외 없이 2번 타자의 중요성을 강조한다.

재능의 종류는 이렇게나 많다. 그들의 재능을 보이는 대로만 판단해서는 안 된다. 선수가 100명이면 각자의 재능도 100가지다. 그들의 재능이 보석처럼 빛날 수 있도록 돕는 것도 리더의 역할이자 책임이다. 노무라식 인재 관리술의 핵심은 단점에 가려 보이지 않던 그들의 진가를 되살려주고, 선수들이 가장 빛날 수 있는 포지션을 찾아주는 것이다.

조직이 강해지기 위해서는 인재를 적재적소에 활용하는 것이 중요하다. 노무라는 "사람을 필요에 따라, 부속품처럼 적당히 쓰는 건 어렵지 않다. 그러나 가장 적당한 선수를 가장 적절한 곳에 쓰는 건 지극히 어렵다"고 말했다.

사람마다 특성이 다르고, 시대는 빠르게 변한다. 어떤 역할을 맡느냐에 따라 한 사람의 삶이 완전히 달라지기도 한다. 그 사람이 조직을 살릴 수도, 무너뜨릴 수도 있다. 그래서 리더는 용인술(用人術)을 항상, 최우선으로 고려해야 한다.

강한 조직은 각 분야별로 넉넉한 인재를 확보하고 있다. 그러나 약자에게는 자원이 충분하지 않다. 그래서 노무라는 '재생공장'을 가동했다. 다른 팀에서 버린 선수, 스스로도 포기하려는 선수에게 다시 기회를 줘서 훌륭하게 재생시켰다. 그들의 부활은 곧 팀의 도약이었다.

재생공장은 노무라 리더십의 핵심이다. 재생에는 그의 인재 관리와 조직 운영에 대한 철학이 녹아 있다. 또 사람에 대한 애정이 담겨 있다.

노무라는 다른 팀이 쓸모없다고 판단한 선수를 데려와 중요한 전력으로 활용했다. 중국 병법에는 "남이 버리면 취하고, 남이 취하면 내놓는다"는 가르침이 있다. 중국의 병법가 오자(吳子)는 특히 끌어안는 것의 가치를 강조했다. 오자는 "공(功)이 있는 사람은 물론 공이 없는 사람을 불러 모아라"라고 말했다. 노무라는 이 병법을 충실히 따랐는데, 과거 실적이 없는 사람들도 언젠가는 쓰임새가 있다고 기대했다. 약자의 실패는 훗날 소중한 자산이 될 수 있다고 믿은 것이다. 한 번 실패를 맛본 사람은 다음에도 실패할 확률이 높다. 그렇다고 모두 계속 실패만 하는 건 아니다. 과거의 실패를 딛고 일어서는 사람도 있다. 노무라는 그 낮은 가능성을 봤고, 그걸 실현하기 위해 기다리고 노력했다.

한신 감독 시절 노무라가 대타 요원으로 요긴하게 쓴 다이호 야스아키는 왕년의 홈런 타자였다. 35세가 되자 그는 헛스윙만 했다. 은퇴해도 이상할 게 없었다. 노무라는 다이호를 새로 단련시켜 대타로 내보냈다. 그를 버리지도 않고, 그에게 과중한 일을 맡기지도 않았다. 다이호는 체력 부담을 덜고 자신이 유리한 상황에서 대타로 나가 한 방씩 터뜨렸다. 노무라 이전 한신 감독(1997년~1998년)이었던 요시다 요시오는 "인간의 능력은 얼마든지 개발할 수 있다고 생각하게 됐다. 반성하고 있다"고 말했다. 쓸모없는 것 같던 노장 선수들이 노무라 밑에서 달라졌다.

남들과 똑같은 인재를 원한다면, 그를 얻는다고 해도 남들만큼만 활용할 수 있다. 반면 남들이 모르고 지나치는 인재를 얻는다면 남들이 갖지 못한 힘을 발휘할 수 있다. 실패한 사람이라도 애정과 기대를 갖고 돌아봐야 하는 이유다.

실패자에 대한 기대는 노무라 자신이 겪은 과거의 경험에서 비롯됐다. 그는 "난카이 입단 1년 만에 나는 해고 통보를 받았다. 눈물을 머금고 1년만 기회를 달라고 매달린 뒤에야 시한부로 살아남을 수 있었다. 절박한 처지를 딛고 노력한 끝에 2년 뒤 홈런왕에 올랐다. 이후 8년 연속 홈런왕을 차지하기도 하면서 45세까지 선수로 뛰었다. 또 감독도 됐다. 인생은, 어디에서 넘어질지 모른다. 또 어디에서 일어날지 역시 알 수 없다"고 말한다. 노무라의 재생은, 자기 자신을 재생하는 것에서 시작됐다.

のむら かつや
Katsuya Nomura
1935~

재생공장장
노무라

노무라는 하위 팀만 맡았다. 쓸 만한 선수가 별로 없는 팀이 노무라에게 감독직을 제의했다. 그랬기에 노무라는 다른 팀에서 이용가치가 없어진 선수를 데려와 중요한 전력으로 활용했다. 그러지 않으면 다른 팀과 상대할 자원이 없었다. 효용이 떨어진 줄 알았던 선수들 중 상당수가 노무라 팀에서 부활했다. 몇몇 선수는 전성기 이상의 기량을 보이기도 했다. 노무라는 실패한 사람에게서 무한한 잠재력을 발견했다. 그러자 사람이 살고 조직이 살았다.

노무라는 성장이 멈춘 유망주, 부상 입은 선수, 퇴출 위기에 몰린 노장 등을 재생하는 능력이 탁월했다. 그리하여 '재생공장장'이라는 별명이 붙었는데, 노무라는 이를 어느 별명보다 고맙게 받아들였다. 노무라 스스로 약자였기에 더욱 그랬다. 단점이 많은 이들에게서 가능성을 보고, 그들을 재기시키는 데 노무라는 큰 의미를 뒀다.

노무라가 난카이 감독을 맡은 2년째인 1971년. 일본 투수 베스트 10에 뽑힌 난카이 선수가 하나도 없었다. 노무라는 도에이 플레이어즈에서 에모토 다케노리를 트레이드로 데려왔다. 사회인 리그 출신인 그는 도에이에서 1승도 거두지 못했기에 난카이가 큰돈을 들이지 않고 영입할 수 있었다.

노무라는 에모토의 신체 조건에 먼저 끌렸다. 키가 크고 힘이 좋아서 다듬기에 따라 성장 가능성이 충분해 보였다. 게다가 만나서 얘기해보니 성격이 시원시원하고 머리도 꽤 좋아 보였다. 그런데 뭐가 문제일까? 무엇이 에모토를 깨어나지 못하게 한 것일까?

에모토가 다루기 쉬운 선수는 아니었다. 당시 선수들 사이에서는 머리와 수염을 기르는 것이 유행이었다. 노무라는 "선수들이 연예인을 흉내 낸다"는 뒷말을 듣기 싫어서 선수단에 장발 금지령을 내렸다. 그러자 에모토가 "야구와 머리카락은 관계없다"며 앞장서서 저항했다. 그의 반골 기질이 이전 팀에서도 문제가 된 바 있었다. 매사에 삐딱한 그를 모두가 탐탁하지 않게 여겼다. 그래서 모두가 그를 멀리하기 시작했고, 결국 혼자 남았다. 누구도 그와 얘기하려 하지 않았다. 야구가 잘될 리 없었다.

노무라는 에모토와 타협하지 않았다. 그렇다고 포기한 것도 아니다. 에모토를 붙들고 다그쳤다.

"야구 외적으로 주목을 받으려는 것은 네가 이류라는 증거야. 머리가 엉망인 것은 마음이 엉망이라는 뜻이라고. 겉모습을 꾸미지 않으면 스스로에게 자신감이 없다는 증거란 말이다. 그저 돋보이고 싶은 어리광이라고!"

어떻게든 팀 규율을 따르게 하려는, 그래서 에모토를 팀 안으로 끌고 들어오려는 노력이었다. 모른 척하고 야구나 잘하라고 할 수도 있었지만 여기서 단념하면 에모토는 끝내 달라지지 않을 것이라고 노무라는 믿었다.

노무라가 다그치자 에모토는 움찔했다. 노무라의 말을 진심으로 납득하는 표정은 아니었지만 이렇게까지 말하는 감독의 뜻을 거스를 수는 없었다. 머리를 단정하게 깎고 노무라의 말을 들었다.

노무라는 삐딱한 선수를 엄하게 대하지 않았다. 그에게 필요한 건 관심이라고 믿었다. 그는 예전부터 많은 꾸지람을 들었을 것이다. 이런 선수는 달리 대할 필요가 있다. 말과 행동에 가시가 돋아 있어도 그를 끌어안는 것이다.

에모토의 문제는 심리였다. 좋은 체격과 구위를 갖고 있지만 제구력이 좋지 않았다. 공을 원하는 대로 컨트롤하지 못하니 자신감도 떨어졌다. 그럴수록 제구는 더 엉망이 됐다. 외모에 지나치게 신경 쓰는 건 자격지심을 감추기 위해서였다.

노무라는 에모토에 대한 고정관념을 지우려 했다. 남들의 시각이 아닌 자신의 눈으로 에모토를 다시 보기로 했다. 그의 경력이 아니라 잠재력을 보기로 했다. 에모토를 새로 평가하고 그에게 큰 기대를 걸고 있다는 것을 보여주고 싶었다. 마침 은퇴 선수가 생겨 등번호 16번이 비었다. 당연히 다른 주전 선수의 차지가 될 것 같았던 이 번호를 노무라는 에모토에게 줬다. 노무라는 "에모토, 넌 10승 이상을 올릴 수 있는 투수다. 에이스가 될 수 있는 잠재력이 있다고. 난 그걸 믿는다. 넌 우리 팀 에이스니까 16번을 네가 달아라"고 말했다.

프로 입문 후 아무런 성적도 내지 못한 에모토에겐 파격적인 대우였다. 훗날 에모토는 "노무라가 나를 에이스라고 말해주는 순간, 온몸에 전율이 흘렀다. 날 인정해준 유일한 지도자였다"고 회상했다.

노무라는 에모토의 공을 다듬기 시작했다. 타자들은 에모토를 무서워했다. 공이 워낙 빠르기도 하지만 엉뚱하게 날아들었기 때문이다. 에모토의 공에 맞을까 봐 항상 불안해했다. 노무라는 이 점을 활용했다. 다른 지도자들은 에모토에게 제구력을 보완하라고만 요구했다. 단점을 고치라고만 한 것이다.

노무라는 달리 접근했다. 에모토에게 정확한 투구를 굳이 요구하지 않았다. 표적이 작아지면 부담은 더 커져 부작용이 생길 거라고 생각했다. 투구 폼을 교정해 아주 엉뚱한 공만 던지지 않도록 지도했다. 투구가 다소 빗나가더라도 포수가 잡을 수 있게만 던지면 오히려 타자를 위협하기에 좋다고 여겼다.

에모토는 강력한 공을 자신 있게 던졌다. 이전까지 1승도 거두지 못했던 에모토는 이적하자마자 16승 13패를 기록하며 단번에 난카이 에이스로 성장했다. 노무라가 선물받은 16번과 같은 승수였다. 에모토는 이후에도 1급 투수로 활약했다. 은퇴 후 야구 해설가로 활약하며 몇 권의 서적을 펴냈고, 일본 참의원 의원까지 지냈다. 쓸모없는 것처럼 보였던 선수를 노무라가 전혀 다른 선수로 만들었고, 전혀 다른 인생을 살도록 도운 것이다.

노무라는 이듬해 요미우리에서 방출된 투수 야마우치 신이치를 데려왔다. 전년도 승리가 하나도 없었던 투수다. 그가 1973년 20승을 거두며 난카이의 퍼시픽리그 우승에 일등 공신이 될 줄 누가 짐작이나 했을까?

야마우치는 다루기 어렵지 않았다. 원래는 괜찮은 불펜투수였지만 직전 해 무릎 부상을 입은 뒤 빠른 공을 던지지 못했다. 성실한 야마우치는 다시 강속구를 던지기 위해 독하게 훈련했다. 그러나 방법이 틀렸다. 자기분석 없이 헛된 노력만 하고 있었다. 노무라는 야마우치를 불러 세웠다.

"자네는 무엇에 도전하는 건가? 시속 150km의 직구를 던지고 싶은가? 그 공으로 삼진을 잡으려는 건가? 그렇다면 그만둬라. 자넨 더 이상 150km의 공을 던지지 못해!"

야마우치는 분노에 가득 찬 눈으로 노무라를 바라봤다. 그러나 노무라의 연설은 멈추지 않았다.

"타자를 이기는 방법에는 삼진만 있는 것이 아니다. 범타로 쉽게 잡아낼 수도 있다. 지금까지 야구 역사에서 한 경기 29개 아웃카운트를 모두 삼진으로 잡은 투수가 존재했는지 생각해보라고. 그러면 타자는 굶어 죽어. 타자도 먹고살아야 하지 않나?"

농담처럼 한 말에서 야마우치는 큰 힌트를 얻었다. 투수는 혼자가 아니다. 등 뒤에 수비수 7명이 있다. 투수의 힘이 압도적이지 않다면 수비수들을 최대한 활용할 줄 알아야 한다. 야마우치가 동요하는 것 같자 노무라는 틈을 놓치지 않았다. 노무라는 "너는 땅볼을 유도하기에 좋은 공을 던진다. 그걸 활용해야 해. 어떤 구종이든 바깥쪽 낮은 코스로 던지는 훈련을 해봐라. 그러면 삼진을 잡지 않고도 아웃카운트를 늘릴 수 있다"고 충고했다.

야마우치에게는 대안이 없었다. 강속구를 되찾기 위해 온갖 노력을 해도 성과를 얻지 못하던 터였다. 노무라의 말을 들어야 했다. 노무라는 야마우치의 마지막 자존심을 존중했다. 그러면서 구체적 실행 방안을 제시했다. 야마우치 스스로 야구 인생의 마지막 승부수를 던지도록 도운 것이다.

얼마 후 야마우치는 놀라운 투구를 했다. 선발로 나선 경기에서 직구든 변화구든 외각 낮은 코스로만 던졌다. 최고 스피드는 잘해야 시속 138km 정도였을 것이다. 그러나 그는 완투승을 따냈다. 삼진은 2개밖에 잡지 못했지만 야마우치로서는 최선의 피칭이었다.

노무라는 "바깥쪽 낮은 코스로 던지는 건 투수의 기본 중 기본이다. 직구도 변화구도 이 코스만큼은 완벽한 제구로 던질 줄 알아야 한다"고 강조한다. 기본기가 확실하다면 여러 가지 응용이 가능하다. 노무라는 야마우치의 다음 등판 때는 승부구를 몸 쪽으로 던지라고 주문했다. 상대가 야마우치의 이전 등판 투구 장면을 봤을 것이기에 이를 역이용한 것이다. 야마우치는 노무라의 기대대로 잘 던져줬고, 시즌 20승까지 내달렸다.

야마우치는 시속 150km 강속구, 즉 보이는 힘을 잃었다. 대신 공배합의 효과, 즉 보이지 않는 힘을 얻었다. 작은 생각이 큰 변화를 이끌어냈다. 그것을 이끌어내는 것이 리더의 역할이다.

のむら　かつや
Katsuya Nomura

1935~

사람과 자리를
모두 빛내는 법

1975년 노무라는 에나쓰 유타카와 운명적으로 만났
다. 한신 타이거즈의 투수였던 에나쓰는 10월
1일 히로시마와의 경기에서 만루를 허용했고, 풀카운트(3볼-2스트라
이크)까지 몰렸다. 그는 스트라이크존에서 살짝 벗어나는 볼을 던졌
는데, 타자는 이 공에 속아 헛스윙했다. 노무라는 에나쓰가 일부러
볼을 던졌다는 것을 알아챘다. 대단한 용기고, 대단한 기술이다. 노
무라는 에나쓰를 흥미롭게 관찰했다.

투포환 선수 출신인 에나쓰는 1968년 탈삼진 401개로 세계 기록
을 세운 괴력의 소유자였다. 선발로 20승 이상 거둔 시즌이 네 차례
나 됐다. 그러나 점차 파워가 떨어져 1975년엔 12승을 겨우 올렸
다. 게다가 혈행장애와 심장질환이 있어 은퇴를 고민하고 있었다.
전성기에 최고의 성과를 냈기에 에나쓰는 아쉬울 것 없는 퇴장을 준비하고 있었다.

노무라는 에나쓰를 원했다. 힘은 떨어졌어도 에나쓰의 제구력만큼은 여전히 최고라고 믿었기 때문이다. 그래서 에나쓰를 난카이로 트레이드해서 데려왔다.

"자네를 구원투수로 쓸 생각이네."

"은퇴하려는 나를 트레이드로 데려온 것도 모자라 구원투수로 전락시켜 수모를 주려는 겁니까?"

당시 구원투수는 실력이 모자란 선수가 맡았다. 투수라면 선발로 나서 경기 끝까지 완투하는 게 미덕이던 시절이었다. 선발투수가 마무리하지 못한 경기 후반에 등판하는 건 에나쓰 같은 스타들에겐 굴욕이었다.

"아닐세. 구원투수는 우리 팀에 꼭 필요한 존재야. 그리고 자네에게도 좋은 기회네. 이건, 어쩌면 야구의 혁명이 될 수도 있네."

노무라는 거창한 말로 에나쓰를 설득했다. 슈퍼스타의 전의를 활활 타오르게 하는 어법이었다. 당시 난카이엔 선발투수 자원이 충분하지 않았다. 강팀 선발과 일대일로 붙는다면 질 가능성이 높았다. 노무라는 구원투수진을 강화했다. 선발투수가 6~7회까지 전력을 다해 던지면 구원투수를 투입했다. 그때는 뛰어난 투수를 경기 맨 뒤에 내보내는 일이 거의 없었다. 노무라가 말한 야구 혁명은 마운드 분업이었다. 이를 위해 에나쓰에게 핵심적인 역할을 맡겼다.

에나쓰는 일본 최초의 전문 마무리 투수가 됐다. 부상 때문에 강속구를 100개 이상 던지지 못했던 그지만 50개 이내에서는 제법 위력적인 공을 던졌다. 무엇보다 정확한 제구력으로 상대에게 장타나 연타를 허용하지 않았다. 승부의 마지막 길목에서 승리를 지켜주는 새로운 역할로 에나쓰는 제2의 야구 인생을 살았다. 이듬해 19세이브를 올려 최우수 구원투수가 됐고, 히로시마와 니혼햄으로 팀을 옮기면서 구원왕을 네 차례나 더 차지했다. 스스로도 포기한 야구 인생을 노무라가 살려낸 덕분이다.

재생의 의미를 알게 된 그는 1984년 은퇴 후 36세의 나이에 미국 메이저리그에 도전했다. 미국에서는 나이 많은 그를 데려가지 않았지만 9년 만에 끝날 뻔한 에나쓰의 선수 생활은 9년 더 이어졌고, 나중에는 태평양까지 건너려 했다. 에나쓰는 "나는 노무라 감독에게 구원받은 인간이다. 좋은 지도자를 만나서 투수의 재미와 괴로움을 모두 느낄 수 있었다"고 회고했다.

지금은 당연하게 여기는 불펜(구원투수진) 운용을 노무라가 가장 먼저 시작한 것이다. 1회부터 던지는 선발투수에 의존하는 게 아니라 9회 등판시킬 투수부터 역순(逆順)으로 구상한 것이다. 이를 위해 선발로 길게 던지는 것보다 불펜에서 짧게 던지기에 더 적합한 선수를 골라내기 시작했다. 명확한 역할 분담과 적재적소의 인재 활용. 그게 '노무라 재생공장'의 핵심 가치였다.

한신 감독 시절 노무라는 한물간 투수 도야마 쇼지를 중간계투로 돌려 요긴하게 활용했다. 이미 31세가 되어 쓸모없는 투수 취급을 받던 도야마가 라이벌 요미우리의 강타자 마쓰이 히데키를 전문적으로 잡아내는 중간계투로 거듭났다. 승부처마다 도야마를 등판시키는 건 마쓰이를 심리적으로 흔드는 효과가 있었다. 도아마는 구위가 뛰어나지는 않았지만 마쓰이를 상대로 혼신의 공 10개 정도는 던질 수 있었다. 투구 궤적이 마쓰이의 스윙 궤적과 달라 마쓰이 타석에 표적 등판하기에 안성맞춤이었다. 도야마는 은퇴할 나이에 '마쓰이 킬러'라는 영광스러운 별명을 얻었다. 1999년 도야마는 10년 만에 승리를 따내고 눈물을 펑펑 쏟기도 했다.

원 소속팀이 포기하거나 쫓아낸 선수는 크게 두 부류다. 나이가 많아 기량이 완전히 떨어졌다는 판정을 받은 선수거나 부상이 심해 회복 가능성이 없는 것으로 판단되는 선수다.

남들이 버렸다면 분명 이유가 있을 것이다. 그러나 노무라는 그들을 다른 시각으로 봤다. 35세에 힘이 떨어졌다는 이유로 팀에서 방출된 선수가 있다면 "이 선수가 그 나이까지 뛸 수 있었던 경쟁력이 분명 있을 것이다. 또 프로 생활을 오래 하면서 깨달은 게 많을 것"이라고 말했다. 아직 녹슬지 않은 기량이 있다면 기꺼이 그런 선수를 품었고, 재생시켰다.

어딘가 고장이 나서 예전처럼 빠른 공을 던지지 못하고, 예전처럼 장타를 펑펑 때리지 못한다는 이유로 버림받은 선수들이 있다. 강속구를 잃은 강속구 투수, 홈런을 때리지 못하는 거포처럼 처량한 선수가 없다. 이들을 동정해서는 안 된다. 동정을 받으면 용기를 잃는다. 노무라는 이들에게 새로운 임무를 줬고, 새로운 기술을 소개해 스스로 일어나도록 했다.

노무라는 부상 선수들에게서도 희망을 봤다. 예전처럼 센 힘을 발휘하지 않더라도 평균적인 기능만 한다면 부활 가능성이 있다고 믿었다. 힘을 빼서 치고 던지면 새로운 야구가 보인다. 힘이 떨어지면 머리를 쓰게 되어 있다. 노력을 할 줄 아는 선수라면 부상을 이겨낼 수도 있다. 그렇게 노무라 밑에서 재활한 선수가 꽤 많다.

노무라는 1996년 일본 공무원을 대상으로 실시한 '가장 이상적인 상사' 설문에서 정계와 재계, 관계 등 각계의 쟁쟁한 리더들을 제치고 1위를 차지했다. 기업체가 사원들을 대상으로 실시한 조사에서도 같은 결과가 나왔다. 경제 위기에 빠진 일본 기업들이 앞다투어 정리해고를 하던 때여서 '재생공장장' 노무라의 사회적 가치는 더욱 빛났다. 사람을 포기하지 않는, 작은 가능성을 발견해 희망을 키우는 노무라에게 일본은 아낌없는 존경을 보내고 있다.

のむら かつや
Katsuya Nomura
1935~

가슴으로
고민하기

리더는 '발견꾼'이 돼야 한다. 리더에겐 입보다 눈이 더 중요하다. 노무라가 재생공장을 운영할 수 있었던 건 개인의 재능을 발견할 줄 안 덕분이다. 그는 "프로에 입단한 선수는 나름대로 우수한 소질을 갖추고 있다. 그러나 모두가 나가시마 시게오나 스즈키 이치로가 되는 건 아니다. 재능을 사용하는 방법이 틀렸거나, 적성에 맞지 않는 역할을 하는 선수가 적지 않다"고 강조한다.

프로에서 뛰는 선수 중에서도 자신의 적성을 잘못 알고 있는 이들이 꽤 있다. 노무라가 야쿠르트 감독으로 취임한 1990년에 입단한 포수 한다 데쓰야가 대표적이다. 노무라는 스프링캠프 시작과 동시에 발이 빠른 선수들을 소집했다. 약팀이 강팀을 이길 수 있는 방법 중 하나는 부지런히 뛰며 상대를 흔드는 것이다. 다리는 슬럼프에 빠지지 않는다. 모인 선수 중엔 2군에 있던 한다도 포함돼 있었다.

체구가 작고 스피드가 뛰어난 선수로 보였는데 무슨 이유인지 포수 미트를 들고 있었다. 한눈에 봐도 어울리지 않았다.

"자네는 다리가 빠르다면서 왜 포수를 하고 있지? 포수가 좋은가?"

한다는 머뭇거리기만 했다.

"좋다고 말하지도 못하면서 왜 포수를 하는 거지?"

"고등학교 때 감독님이 포수를 하라고 해서 그 뒤로 계속 포수를 맡고 있습니다."

마치 남의 얘기를 하는 것 같았다.

아마추어에서는 선수의 적성보다는 팀의 필요에 따라 포지션을 정하는 경우가 많다. 예를 들면, 단지 어깨가 좋아서 포수를 보는 선수들이 상당히 많다. 한다도 그중 하나였다. 한다는 투수의 표적이 되기에는 덩치가 너무 작았다. 포수를 잘할 만큼 영민한 것 같지도 않았다. 그보다는 빠른 다리를 이용해 다른 포지션에서 뛰는 편이 나아 보였다.

"네 빠른 다리는 타고났어. 포수를 오래 하다 보면 발이 느려져. 나도 프로에 들어올 때는 다리가 빠른 편이었다고. 당시엔 50m 전력 질주 테스트를 통과하지 못하면 입단할 수 없었어. 그런데 오랫동안 포수를 하다 보니 느려졌지. 말년에는 '느림보 노무라'라는 별명까지 생겼어. 어때, 이제 납득할 수 있겠어?"

한다의 눈빛이 흔들리자 노무라는 쉴 틈 없이 몰아쳤다.

"내가 너의 포수 미트를 살 테니까 그 돈으로 야수용 글러브를 사라고!”

한다는 곧바로 포수 미트 두 개를 들고 왔다. 노무라는 4만 엔을 내줬다.

문제는 그다음이었다. 한다가 포수를 할 재목이 아니라는 건 알았지만 어디에 둬야 할지 몰랐다. 발이 빠르고 어깨가 좋았기에 일단 유격수 훈련을 시켰다. 그러나 유격수 특유의 역동적인 자세가 나오지 않았다. 당시 야쿠르트에 마땅한 2루수가 없어 2루수 훈련도 지시했다.

그러나 엉뚱한 변수가 있었다. 새 외국인 선수 조니 레이였다. 외야수로 영입한 레이는 일본에 온 뒤 “나는 2루수가 어울린다”고 주장했다. 이상했다. 조사해보니 레이가 미국에서 몇 경기 임시 외야수로 나선 적이 있는데 야쿠르트 스카우트는 이 경기들을 보고 그를 외야수로 판단해서 데려온 것이다. 외국인 선수는 즉시 전력이다. 가르치거나 기다릴 시간이 없다. 레이는 2루수로 뛰는 게 맞는다. 한다는 또 밀렸다.

그럼에도 노무라는 한다를 포기할 수 없었다. 그가 뛰는 장면을 보면 단지 빠르다는 것 이상의 무언가가 느껴졌다. 마치 동물이 초원을 달리는 것 같았다. 한다는 TV 오락 프로그램에 출연해 모두가 경악할 만큼의 점프력을 보여주기도 했다. 노무라는 그를 외야수로 돌렸다.

한다의 재능은 드넓은 외야에서 꽃피었다. 엄청난 스피드와 탄력으로 묘기 같은 외야 수비를 선보였다. 담장을 박차고 올라 홈런 타구를 걷어내는 플레이가 그의 특기였다. 1993년 일본시리즈에서도 환상적인 수비로 승리에 공헌하기도 했다. 포수 마스크를 쓰고서는 절대 보여줄 수 없는 장면들이었다.

한다의 성공 이후 노무라는 신인 선수의 기존 포지션을 믿지 않았다. 코치들에게 선수의 적성을 백지 상태에서 재평가하라고 지시했다. 여기서 그가 강조하는 적재적소 배치의 중요성을 알 수 있다. '선입관은 죄고 고정관념은 악'이라는 그의 신념을 읽을 수 있다.

머리만 쓰면 누구나 비슷한 결론에 이른다. 가슴으로 고민하면 남들과 다른 생각을 할 수 있고, 다른 결론에 다다를 수 있다. 선수에 대한 애정을 갖고 어떻게든 살려보려고 한다면 그를 활용할 방법을 찾을 수 있다. 필요 없는 사람을 내치는 건 누구나 할 수 있다. 뭔가 부족한 사람의 잠재력을 끌어내 그를 살리고, 팀을 강하게 만드는 것이 진짜 리더의 역할이다. 항상 불만스러운 표정을 짓고, 말투가 까칠한 노무라지만 속마음까지 그렇지는 않았다. 약자에겐 작은 기회조차 간절하게 필요하다는 것을 노무라는 누구보다 잘 알았다.

Chapter 7

패배한 만큼
승리할 수 있다

사람은 누구나 실패에서 시작한다.

태어나자마자 한바탕 울음을 터뜨린다. 그러고 나서 웃는다.

몇 번을 넘어진 뒤에야 똑바로 서고, 걷는다. 쉬운 문제도 틀려봐야 같은 실수를 반복하지 않는다.

실패를 두려워하면 작은 성공도 얻을 수 없다. 실패를 인정하고, 고통을 이겨내는 게 중요하다.

실패는 도전의 끝이 아니라, 다음 기회의 시작이다.

のむら かつや
Katsuya Nomura
1935~

절반의 실패,
그리고 회복 탄력성

노무라는 1999년 한신 타이거즈 감독에 취임했다. 요미우리의 라이벌인 한신은 전통의 명문 구단이지만 당시엔 전력이 형편없어서 센트럴리그 최하위를 도맡아 하고 있었다. '종이호랑이'라는 비아냥까지 들었다. 한신은 노무라의 재건 능력을 높게 평가했다. 그가 종이호랑이를 맹수로 되살려줄 것으로 믿었다.

노무라도 의욕을 갖고 지휘봉을 잡았다. 그가 생각하는 재건의 3요소는 교육, 보강, 그리고 기술 향상이었다. 그러나 한신에서는 세 가지 모두 쉽지 않았다. 구단이 스카우트한 선수들은 노무라 아래서 어느 정도 성장하기는 했지만 팀을 상위로 끌고 갈 만한 힘을 내지는 못했다. 게다가 한신에는 야쿠르트에 없었던 장애물이 존재했다. 전통과 인기다.

한신은 인기 구단이었기에 선수마다 취재진과 팬을 몰고 다녔다.

팀이 추락하는 동안에도 선수들은 인기를 즐겼다. 이런 분위기에서는 선수들이 제멋대로 야구를 한다. 그게 나쁜 전통이다.

한신의 일부 고참 선수들은 "우리 팀에 노무라가 오면 안 된다"며 거부감을 나타냈다. 그들은 팀이 이기지 않아도 괜찮은 것 같았다. 충분한 인기를 누리고 있고, 주전에서 밀려나지 않는 한 높은 연봉을 받을 수 있었다. 그들에게 노무라가 "생각하며 뛰어라. 이유를 갖고 싸워라"라고 얘기해봐야 아무런 소용이 없었다. 선수들은 귀를 닫아버렸다. 그렇게 2년을 고생하다가 노무라는 두 손을 다 들어버렸다.

노무라는 야쿠르트를 강팀으로 만들었지만 한신을 그렇게 바꾸지는 못했다. 그는 자신의 실패를 부인하지 않았다. 노무라 재임 기간인 1999년부터 2001년까지 한신은 3년 연속 리그 최하위에 머물렀다. 젊은 선수들을 바꿔놓고 팀 체질도 조금씩 강화됐지만 주축 선수가 움직이지 않았다.

노무라의 개혁은 교육에서 시작한다. 왜 야구를 해야 하는지, 어떻게 싸워야 하는지, 이기기 위해선 무엇을 해야 하는지, 어떤 인생을 살아야 하는지 선수들에게 얘기했다. 체력과 기술 훈련, 전술 습득은 그다음 단계였다. 그러나 한신의 고참 선수들은 움직이지 않았다. 어떻게 해서든 그들을 바꿨어야 하는데 일찍 포기하고 말았다. 그게 노무라의 패착이었다.

노무라는 사퇴를 결심했다. 떠나기 전에 그가 마지막으로 할 일은 후임자를 추천하는 것이었다. 노무라를 믿고 추대한 한신 구단을 생각해서 좋은 대안을 제시해야 했다. 또 그래야 지난 3년간 쏟아부은 자신의 노력이 성과를 거둘 수 있다고 생각했다.

노무라는 자신보다 더 강한 사람이 후임 감독으로 와야 한다고 믿었다. 고참 선수들을 장악하면 성장 중인 젊은 선수들이 잘 따라올 것으로 생각했다. 노무라는 니시모토 유키오 전 긴테쓰 감독을 후임으로 추천했다. 니시모토는 철권 체제를 구축할 만한 엄하고 강한 인물이다. 그러나 니시모토는 건강이 좋지 않다는 이유로 한신의 제안을 거절했다.

"그렇다면 호시노 감독은 어떨까요?"

호시노 센이치는 당시 주니치 드래건스 지휘봉을 잡고 있었다. 호시노는 강력한 카리스마로 유명했다. 니시모토를 대체할 훌륭한 감독이었다. 마침 2001년 겨울 호시노가 주니치를 떠난다는 소문이 돌았다. 노무라는 적극적으로 구단을 설득했다.

"지금이 호시노를 데려올 적기입니다."

"좋습니다. 그런데 과연 호시노가 한신에 올까요?"

"진심을 다한다면 올 겁니다. 진심은 사람을 움직일 수 있습니다."

밑바닥까지 추락한 한신은 결국 호시노 감독을 영입했다. 뿐만 아니라 뛰어난 선수들을 보강해서 단숨에 전력을 끌어올렸다. 호시노는 2002년 4위를 기록한 뒤 2003년 한신을 18년 만에 센트럴리그 우승으로 이끌었다. 영웅이 된 호시노는 "전임 노무라 덕분에 우승할 수 있었다"고 말했다. 노무라가 적극적으로 기용하고 육성한 이

가와 게이, 후쿠하라 시노부, 아카호시 노리히로, 하마나카 오사무 등 젊은 선수들이 호시노 아래서 활약했다. 노무라의 재임 기간에 한신은 빛나지 않았지만 그가 남긴 유산이 분명 있었던 것이다.

노무라의 지도자 인생은 끝난 것 같았다. 2001년 한신에서 물러날 때 그의 나이 66세였다. 게다가 당시 성적도 좋지 않았기에 다시 감독이 될 거라는 생각을 하지 못했다. 이곳저곳을 다니며 야구 구경이나 할 요량이었다. 친분이 있는 기업인의 권유로 아마추어 야구팀 시닥스의 감독을 맡기도 했다.

노무라가 감독으로 온다고 하니 사회인 팀 선수들은 모두들 동명이인의 다른 사람이 오는 줄 알았다고 한다. 다른 유명 감독이었다면 체면을 차리느라 아마추어 팀을 맡지 않았을 것이다. 노무라이기에 가능한 일이었다. 그에게는 야구가 중요한 것이지 자리가 중요한 건 아니었다.

이 지점에서 노무라와 김성근 감독은 또다시 만난다. 김성근 감독은 2011년 SK를 떠났다. 그의 나이 69세였다. 이룰 걸 모두 이뤘지만 김성근 감독은 야구를 놓지 않았다. 이듬해 한국 최초의 아마추어 독립야구팀 고양 원더스의 감독으로 부임한 것이다. '야구의 신'으로 불린 김성근 감독과 격이 맞지 않는 자리였지만 그는 젊은 선수들과 함께 땀을 흘렸다. 3년 동안 프로 2군 팀과 친선경기를 벌인 원더스는 믿기 어려울 만큼 쑥쑥 성장했다. 김성근 감독 지휘 아래 원더스 선수 31명이 프로 구단에 입단했다. 2014년 말 원더스가 해

162

체되면서 김성근 감독도 지휘봉을 놓았지만 그해 10월 최하위 팀 한화 이글스 감독으로 부임했다.

사회인 야구팀을 이끌던 노무라에게도 마지막 기회가 왔다. 만 71세인 2006년 라쿠텐 감독이 된 것이다. 신생팀 라쿠텐은 노무라가 사령탑을 맡은 4년 동안 점점 강해졌다. 노무라와의 계약 마지막 해인 2009년엔 최초로 퍼시픽리그 2위에 올랐다.

라쿠텐은 노무라의 후임으로 외국인 감독 마티 브라운을 선임했으나 1년 만에 다시 꼴찌로 내려앉았다. 그래서 찾은 대안이 호시노 감독이다. 호시노도 2년간 하위권에서 고생하다 2013년 창단 9년 만에 처음으로 리그 우승을 차지한 데 이어 일본시리즈에서 요미우리까지 꺾었다. 노무라의 애제자 다나카 마사히로는 일본시리즈 2차전에서 9이닝 1실점의 완투승을 거뒀고, 7차전에서는 세이브를 올리며 일본시리즈 우승의 일등 공신이 됐다.

のむら かつや
Katsuya Nomura
1935~

핵심 인재는
반드시 욕심낸다

노무라는 라쿠텐 감독 시절 후쿠도메 고스케를 탐냈다. 주니치 드래건스의 3번 타자였던 그는 2006년 말 자유계약선수(FA) 자격을 얻었는데, 결국 메이저리그 시카고 컵스에 입단했다. 그전까지는 일본 구단들이 10억 엔 이상의 연봉을 제시하며 스카우트 경쟁을 펼쳤다. 그런 와중에 재정이 넉넉하지 않은 라쿠텐에서, 그것도 '재생공장장' 노무라가 후쿠도메를 원한다고 하니 다들 믿지 않았다.

노무라가 후쿠도메를 탐낸 이유가 있었다. 에이스 투수와 4번 타자, 즉 팀의 주축 선수는 타고난 재능이 있어야 한다. 천재는 범재(凡才)를 재생해서 만들 수 없다. 버려진 선수 모두를 에모토처럼 바꿀 수는 없다. 평균 정도의 역할만 해준다면 그걸로 충분하다.

팀의 기둥이 될 선수는 반드시 필요하다. 감독의 시야와 지도력이 닿지 않는 곳까지 강하게 만들기 위해서는 중심 선수가 작은 리더의 역할을 해야 하기 때문이다. 요미우리는 스타 선수들이 즐비해서 오히려 문제였다. 서로가 최고라고 생각하고 시기, 질투했다. 노무라는 팀 리더 한두 명 정도를 반드시 원했다. 그 역할은 겨우 재생된 선수들이 아니라 어느 정도 완성된 선수들이 할 수 있다고 노무라는 믿었다. 노무라는 다른 구성원이 질투를 할 수 없을 만큼 뛰어난 인재를 원했다.

1999년 노무라가 밑바닥까지 추락한 한신을 맡았을 때, 아무리 찾아봐도 에이스 투수와 4번 타자 후보가 보이지 않았다. 팀에 탁월한 선수가 있다면 다른 선수들도 그를 배우고 따라가게 마련이다. 노무라는 구단에 "에이스나 4번 타자는 단기간에 육성할 수 없다. 핵심 선수를 영입해달라"고 요청했으나 거절당했다. 구단은 "노무라 감독은 '재생공장장'이라 불리는 분인데, 중심 선수를 데려오라니? 그건 요미우리나 하는 일"이라고 잘라 말했다.

노무라는 한신이 우승 전력을 갖췄던 예전의 기록을 찾았다. 한신이 잘나갔을 때는 여지없이 다른 팀에서 주축을 이뤘던 선수를 데려왔거나, 대학 시절부터 특급이라고 평가받은 선수를 스카우트했다. 노무라는 전례를 들어 핵심 선수가 필요하다고 재차 요청했지만 구단은 말을 들어주지 않았다.

노무라는 온갖 실험 끝에 신조 쓰요시를 4번 타자로 기용한 적이 있다. 신조는 운동능력이 탁월했지만 고의 볼넷을 목적으로 던진 한참 빠지는 공을 때려 끝내기 안타를 치기까지 한 일본 프로야구 최고의 괴짜였다. 신조는 "기록은 이치로에게 맡기고, 기억은 내게 맡겨라"라는 유명한 말도 남겼다. 튀는 것을 워낙 좋아했기에 그의 허영심을 자극하면 혹시 4번 타자에 걸맞은 활약을 하지 않을까 기대한 것이다. 그러나 실패했다. 역시 4번 타자는 그만한 그릇을 타고나야 하는 법이다. 훗날 신조가 니혼햄 파이터스에서 뛸 때 트레이 힐만 감독은 그를 6번 타자로 기용해 좋은 결과를 이끌어냈다. 신조가 압박감이 덜한 타순에서 자신의 끼를 발산한다는 것을 알았던 것이다. 힐만 감독은 신조가 아무리 좋은 타격을 보여도 4번 타자로 쓰지 않았다.

노무라는 신조를 4번 타자로 만들려고 갖은 노력을 했다. 한번은 스프링캠프 때 그에게 투수를 시키겠다고 선언했다. 괴짜 감독이 괴짜 선수에게 엉뚱한 지시를 내리자 신문 기자들은 신이 나서 대서특필했다. 신조는 외야수로서 대단히 빠른 공을 던지기도 했고 아마추어 시절 투수를 했기에 아주 허황된 얘기는 아니었다. '투수 신조' 기사는 세이부의 에이스 마쓰자카 다이스케 기사만큼 많이 나왔고 인기를 끌었다. 신조는 스포트라이트를 받으며 투수 훈련을 했다.

이는 노무라의 전략이었다. 투수 훈련을 하면서 투수의 심리와 기술을 터득하고 타격에 써먹으라는 뜻이었다. 멋지게 보이는 데만 신경 쓰는 신조에게 공부를 시킨 것이다. 신조는 끝내 4번 타자가 되지는 못했지만 타율이 2할대 초반에서 후반으로 올랐다. 2001년에는 메이저리그 뉴욕 메츠에 입단해 메이저리거가 되기도 했다.

4번 타자는 보통 팀 내 최고 타자가 맡는다. 장타력과 정교함 등 여러 기능을 갖춰야 한다. 그러나 노무라는 팀의 중심 선수라면 기량뿐만 아니라 팀을 이끌 수 있는 리더십과 카리스마를 갖춰야 한다고 생각했다.

노무라는 어느 팀에서든 선수단을 이끌 리더를 발견하려고 애썼다. 타율이 최고가 아니더라도, 혹은 홈런 수가 조금 모자라더라도 모범이 될 만한 선수를 4번 타자로 세웠다. 자격만 갖췄다면 외국인 선수도 중용해 그를 중심으로 팀을 뭉치게 했다. 중심 선수가 단단하게 자리를 잡으면 감독은 팀을 지휘하기 편해진다. 중심 선수를 통해 다른 선수들을 다룰 수 있기 때문이다. 그래서 노무라는 항상 핵심 인재를 원했다.

핵심 인재는 동료들을 자극한다. 야구장으로 출근해서 땀 흘려 싸운 뒤 퇴근해 집으로 돌아가는 순간까지 그는 다른 선수들의 시선을 받는다. 동료들은 그를 동경하고, 그를 뛰어넘으려는 마음을 품는다. 팀 내 경쟁이 이뤄지는 것이다. 과도하거나 삐뚤어지지만 않는다면 이러한 경쟁은 팀을 발전시키는 건전한 에너지가 된다. 핵심 인재가 미치는 파급효과는 상상할 수 없을 만큼 크다고 노무라는 확신하고 있었다.

のむら かつや
Katsuya Nomura
1935~

스타성과 스타 의식의 균형 잡기

선수 시절 노무라는 스타를 썩 좋아하지 않았다. 노무라는 자신이 천재나 스타라고 생각하지도 않았다. 그러나 리더가 되고 나선 생각이 좀 달라졌다. 핵심 인재를 활용해 전체적으로 더 많은 성과를 이끌어내는 게 그의 책무였다. 노무라는 에이스급 선수를 발굴하고, 그의 능력을 이끌어내면서, 한편으로는 에이스를 장악해야 팀이 제대로 굴러간다고 여겼다.

스타 선수들을 다루는 방법은 복잡하다. 명성에 걸맞은 대우를 하면서도 스타 의식을 경계해야 한다. 노무라는 그들을 말없이 대우하면서 입으로는 칭찬 대신 독설을 쏟아내기도 했다. 실력만 믿고 팀워크를 해친다고 생각될 때는 따끔한 질책을 아끼지 않았다.

노무라가 야쿠르트 사령탑에 있을 때 최고 인기 타자는 '미스터 스왈로스' 이케야마 다카히로였다. 그는 수비 부담이 많은 유격수

였음에도 1988년부터 5년 연속 30홈런을 때려낸 타고난 타자였다. 이케야마는 홈런을 펑펑 때렸지만 세 시즌 동안 삼진 1위를 차지하기도 했다. 모 아니면 도 식의 스윙 때문이었다. 미디어는 바람을 붕붕 가르며 힘차게 스윙하는 그에게 '붕붕맨'이라는 닉네임을 붙였다. 이케야마는 더욱 신 나서 헛스윙을 해댔다. 이런 스윙은 팀플레이와 거리가 멀다.

이케야마가 스윙 폭을 줄이면 홈런이 줄어들지 몰라도 타율은 오를 것이라고 노무라는 믿었다. 그렇다고 야쿠르트 최고 인기 선수의 스윙을 갑자기 바꾸는 건 분명 큰 모험이었다. 스윙 폭을 줄인다고 성공한다는 보장도 사실 없었다. 그의 홈런이 반으로 줄어들기라도 한다면 야쿠르트 관중이 줄어들 수도 있다.

몇 달을 고민하다 노무라는 이케야마를 불렀다. 주축 선수가 변해야 팀이 강해진다고 믿어서였다. 노무라는 "팬들이 '붕붕맨'이라고 불러주니 기분 좋은가? 붕붕 휘두르고 삼진만 당하면 팀은 어쩌란 말인가? 더 이상 그런 닉네임에 즐거워하면 안 돼. 자네는 팀의 기둥이란 말일세. 최소한 투 스트라이크 이후에 '붕붕맨'은 그만둬!"라고 야단쳤다.

이케야마는 깜짝 놀랐다. 이전까지 "호쾌한 스윙을 한다"는 등의 칭찬만 들었다. 결과가 그리 나쁘지 않았기에 잘못된 과정을 지적하는 사람이 없었다. 노무라는 이케야마가 반발할지도 모른다고 생각했다. 그러나 이케야마는 의외로 순순히 노무라의 충고를 받아들였다. 그는 변화할 준비가 아예 안 되어 있던 건 아니었다. 깨우칠 기회가 없었을 뿐이다. 이케야마는 책임감이 있는 선수였다. 노무라의 말을 따라 스윙을 바꾸기 위해 노력했다. 이후 그는 더 이상 삼진 1위에 오르지 않았다. 팀 배팅에 눈을 떠 후배들에게 좋은 귀감이 됐다. 야쿠르트가 강해진 데는 이케야마의 변신이 한몫을 했다.

노무라가 기억하는 타고난 에이스는 2007년 라쿠텐에 입단한 다나카 마사히로다. 그런 신인을 만난 건 감독 노무라에겐 행운이었다. 고시엔 대회 때부터 유명한 투수였다. 신인의 소질이 워낙 뛰어나다고 하니 노무라는 오히려 걱정스러웠다. 프로 데뷔전도 치르지 않은 선수를 미디어에서 지나치게 띄워주면 자만심에 빠질 가능성이 높기 때문이다.

노무라는 기대 반, 걱정 반의 시선으로 다나카를 바라봤다. 굉장했다. 공이 빠르기도 했지만 고졸 투수라고 믿기 어려울 만큼 변화구 제구가 좋았다. 체력도 완성에 가까운 상태였다.

'이 녀석은 첫해부터 기대할 만하겠는데.'

호기심이 생긴 노무라는 수시로 다나카에게 말을 걸었다. 그때마다 그는 또박또박 자신의 생각을 말할 줄 알았다. 맞든 틀리든 어린 나이에 자기 생각을 분명히 전한다는 건 머리도 좋다는 의미였다. 보통 녀석이 아니다 싶었다.

대투수가 될 선수라고 믿었기에 노무라는 다나카를 어떤 형태로 데뷔시키는 것이 좋을지 고민했다. 두 가지 방법이 있다. 쉬운 상대와 장소를 골라 편안하게 첫 경기를 치르게 하는 방법이 일반적이다. 이는 신인 선수가 처음부터 자신감을 갖게 하는 데 효과적이다.

반면 새끼 사자를 낭떠러지에 떨어뜨리는 심정으로 강적과 맞붙이는 수도 있다. 이런 경기에서 이기고 돌아오면 아낌없이 칭찬해주고, 지더라도 질책하지 않는다는 것이 노무라의 철학이다.

노무라는 고민 끝에 후자를 선택했다. 2007년 3월 28일 소프트뱅크와 원정경기에서 다나카를 첫 등판시키기로 결정했다. 당시 소프트뱅크는 퍼시픽리그 최고 타선을 자랑하고 있었다. 게다가 후쿠오카 돔구장은 소프트뱅크를 응원하는 팬들의 함성에 정신이 빠질 정도로 시끄럽다. 노무라는 다나카에게 "한번 부딪혀보라"고 했다.

결과는 나빴다. 다나카는 2회 2사까지 6점이나 내주며 난타를 당했다. 교체돼 들어와서는 눈물까지 흘렸다. 아무리 대범한 신인이라도 이만큼 혹독한 데뷔전을 치렀다면 자신감을 잃지 않을까 걱정스러웠다. 그러나 다나카는 4월 18일 소프트뱅크와의 리턴매치에서 2실점 완투승을 거뒀다. 그는 그해 시즌 11승을 거두며 신인상을 받았다.

첫 승을 거둔 뒤 다나카는 어깨에 힘을 주는 것 같았다. 투구 내용도 제멋대로였고, 멋 내는 것에 신경을 많이 쓰기 시작했다. 다른 선수들 같으면 진작 지적했겠지만 노무라는 때를 기다렸다. 야단치는 타이밍도 중요하기 때문이다.

다나카는 6월 13일 주니치전에서 2005년 니혼햄의 다르빗슈 유이후 처음으로 고졸 신인으로서 완봉승을 따냈다. 다나카에겐 생애최고의 날이었다. 완봉승을 앞둔 9회, 다나카는 시속 150km가 넘는 빠른 공으로 경기를 마무리하고 싶어 했다. 그러다 제구가 흔들려 만루 위기까지 몰렸다. 자신의 욕심 탓에 팀을 위기에 빠뜨린 것이다. 어렵게 완봉승을 따내긴 했지만 경기가 끝나자마자 노무라는 축하의 말을 건네는 대신 엄한 표정으로 9회 승부의 문제점을 지적했다.

"이 녀석, 뭘 잘못했는지 알고 있지?"

"예."

노무라가 구체적으로 지적하지 않아도 영리한 다나카는 감독의 뜻을 이해하고 있었다. 최고의 순간에 따끔한 충고를 가슴 깊이 새겼다. 다나카는 개인의 욕심을 버리고 팀을 위할 줄 알아야 진짜 에이스라는 것을 절감했다. 노무라는 다나카가 일본을 대표하는 선수가 될 것으로 기대했기에 신인 때부터 팀을 위하는 정신을 갖도록 가르쳤다.

노무라는 "투수가 멋지게 삼진을 잡고 싶어 하는 것, 팬들이 원하는 정면 승부를 하려는 것이 나쁜 마음은 아니다. 그러나 욕심 때문에 팀 승리가 날아간다면 그 전에 보여준 화려한 모습은 허사가 돼버린다. 스타라고 대접을 받는답시고 동료들에게 폐를 끼치는 선수들이 꽤 있다. 다나카는 에이스가 될 선수이기에 그러지 않았으면 했다"고 회고했다.

다나카는 노무라의 기대대로 성장했다. 여전히 말썽을 부릴 때도 있지만 야구를 할 때는 누구보다 진중하다. 이후 성장을 거듭한 다나카는 2013년 24승 무패, 평균자책점 1.27을 기록했다. 다승, 평균자책점, 승률(100%) 타이틀을 따냈고, 2012년부터 정규시즌 28연 승을 이어갔다. 28연승은 한·미·일 야구를 통틀어 전례가 없는 세계신기록이다.

다나카는 2013년 일본 퍼시픽리그에서 만장일치 최우수선수 (MVP)로 선정됐다. 만장일치 MVP는 리그 세 번째 기록으로, 1965년 노무라 이후 48년 만이었다. 다나카는 수상 소감에서 노무라 얘기를 빼놓지 않았다. 다나카는 "노무라 감독의 열정은 정말 대단하다. 프로에 데뷔해 만난 첫 감독님이 노무라였다는 건 내게 큰 행운이었다"고 말했다. 다나카는 2014년 메이저리그 최고 명문 뉴욕 양키스에 입단했고, 연승 기록을 34승까지 늘렸다.

노무라는 다나카라는 스타를 잘 키워냈다. 그의 스타성을 철저히 이용한 덕분이다. 스타는 자신이 어떤 모습으로 보이는지 무척 신경 쓴다. 어린 나이라면 특히 그렇다. 그런 마음이 선수의 기량을 발전시키고, 팬들과 가깝게 만들기도 한다. 그러나 내면을 채우지 못한 채 겉모습을 돋보이게 하는 데만 치중한다면 선수에게도, 팀에도 좋을 게 없다. 노무라는 스타를 대우하지만 스타 의식은 극도로 경계했다.

のむら かつや
Katsuya Nomura
1935~

큰 혁신은 작은 변화로부터

누구나 특기가 있다. 절대로 남에게 뒤지지 않는 부분이 있을 것이다. 그건 좋다. 그러나 그게 자만이 되면 위험하다고 노무라는 말한다. 진화 또는 혁신을 위해서는 버리거나 바꿔야 할 것이 있다. 여기서 개인의 특기가 희생될 수 있다. 그러다가 "이건 내가 아닌 것 같다"며 공포를 느낀다. 보통 사람은 이 지점에서 멈춘다.

이걸 극복하는 용기가 필요하다. 멈추지 말아야 하고 안주해서도 안 된다. 변화를 두려워하면 진화를 이룰 수 없다. 노무라는 감독 시절 선수들에게 몇 번씩 강조했다.

"그저 열심히 한다고 되는 게 아니다. 네가 겨뤄야 할 상대는 매일매일 좋은 방향으로 바뀌고 성장하고 있다. 너도 변화하지 않으면 안 된다. 변화가 곧 성장이다."

선수들에게 자신의 특기를 말해보라고 하면 모두들 특기와 장점을 늘어놓는다. 그러나 그건 이미 과거 얘기다. '현재의 경쟁력'이 아닌 경우가 많다. 지난날에 집착하는 사람은 자신을 과대평가하는 경향이 있다. 그래서는 진화할 수 없다. 노무라는 "진짜 뛰어난 선수는 변화에 대한 거부감이 오히려 적다. 자신이 가지고 있던 걸 버리고 새로 도전해서 성공한 경험이 있기 때문이다"고 주장했다.

오치아이 히로미쓰, 기요하라 가즈히로, 마쓰이 히데키 등 일본 최고의 타자들에겐 묘한 공통점이 있었다. 타격감이 좋지 않을 때 장갑을 끼지 않고 스윙하곤 했다. 이건 정석에서 벗어난 행위다. 배팅 글러브를 끼지 않으면 손바닥과 방망이의 마찰력이 줄어들어 타격하기 어렵기 때문이다.

이들이 작은 변화를 준 이유는 무엇일까. 노무라는 "맨손으로 타격하면 불편하다. 대신 방망이가 공을 때릴 때 미묘한 감촉을 제대로 느낄 수 있다"고 설명했다. 뭔가 풀리지 않을 때 그 이유를 찾기 위해서 맨손 타격을 선택한다는 것이다. 이미 최고의 자리에 올랐지만 타격의 본질을 찾기 위해 처음부터 다시 시작한 것이다. 그들이 벗어던진 건 단지 장갑이 아니라 권위와 고정관념이었다.

반면 자신의 특기만 믿고 이를 버리지 못하는 선수들은 진화의 기회를 놓칠 수밖에 없다. 냉정하게 자신을 분석하지 않으면 스스로를 과대평가할 가능성이 높다. 이 상황을 노무라는 '미지근한 물'에 비유했다.

"미지근한 탕에 앉아 있으면 시간이 한참 지나도 나오고 싶지 않다. 일상생활에서도 '뭐, 이 정도면 돼'라고 하는 상황에서 만족하기 쉽다. 뿌리치기 힘든, 은근한 유혹이다. 젊은이들에겐 특히 위험한 상태다."

노무라는 뜨겁지도 차갑지도 않은 중간 상태에서는 잠시도 있기 싫어했다. 경쟁이 치열한 프로야구에서조차 '미지근한 물'에서 나오지 않으려는 선수들을 쉽게 찾아볼 수 있다. 노무라는 "도대체 뭘 잃어버릴까 두려워하는 건가? 잃어버리면 큰일 날 정도의 특별함을 가졌는가? 이미 다 이루고 성공했는가? 그런 것도 아니면서 뭘 무서워하는가?"라며 그들을 강하게 질책했다.

노무라는 45세가 되던 해에 선수로서 은퇴를 결심했다. 은퇴하기 전 그는 마지막 변화를 시도했다. 나이가 많아 체력이 떨어진 노무라는 지난 25년간 써온 방망이의 모양을 바꾸고 무게를 줄였다. 결과는 신통치 않았다. 노무라는 오히려 홀가분해했다. 시도할 수 있는 걸 다 해본 뒤 미련을 남기지 않고 선수 생활을 마무리했다. 그러고 나서 미리 준비해둔 다음 계획을 실행에 옮겼다.

노무라는 연습생으로 선수 생활을 시작했다. 2할대의 타율을 3할대로 올렸고, 홈런왕에도 올랐다. 45세가 되도록 선수로 뛰었고, 감독이 되어서는 74세까지 지휘봉을 잡았다. 그 에너지는 자기반성과 용기에서 나왔다. 잘나가는 선수였을 때도 노무라는 항상 냉정하게 자아비판을 했고, 용감하게 스스로를 바꿨다. 미래를 위해 손에 가진 것들을 버렸다. 그리고 더 큰 것을 얻었다.

가와사키 겐지로는 1988년 신인 드래프트 1순위로 야쿠르트에 입단한 투수다. 뛰어난 공을 갖고 있었지만 한 가지 흠이 있었다. 가와사키는 직구 위주의 피칭을 하다 종종 홈런을 얻어맞았다. 젊고 힘 좋은 선수가 자주 빠지는 함정이다. 1990년 12승을 거두긴 했지만, 소질을 보면 15~20승을 올리기에도 부족함이 없는 선수였다. 그러다 이듬해 부상을 입어 자신감을 잃었다.

노무라는 재활훈련을 하던 가와사키에게 슬라이더를 익힐 것을 주문했다. 당시 투수들은 '슬라이더를 던지면 팔꿈치가 상한다'는 얘기를 믿었다. 노무라는 가설의 진위를 직접 확인하기 위해 여러 의사들을 찾아가 과학에 근거한 대답을 들은 터였다. 슬라이더와 팔꿈치 부상은 직접적인 연관이 없다는 것이었다.

노무라는 감독의 권위가 아닌 의학적 근거를 내세워 가와사키를 설득하려 했다. 그래도 가와사키는 그의 말을 믿지 못했다. 노무라가 소리쳤다.

"모든 싸움을 힘만으로 이길 수 있다고 생각하나? 새로운 무기를 장착해야 한다고. 그러면 자넨 지금보다 더 좋아질 수 있네."

가와사키는 욕심이 많은 선수였다. 노무라는 그 부분을 건드렸다. 노무라의 설득에 가와사키는 못 이기는 척 따랐다. 기존의 직구와 커브에 슬라이더만 추가했을 뿐인데 놀라운 결과가 만들어졌다. 타자가 직구라고 믿은 공이 살짝 휘면서 떨어지자 홈런을 얻어맞는 횟수가 줄어들었다. 내야 땅볼 유도가 많아지면서 힘들이지 않고 아웃카운트를 늘리는 법을 깨달았다. 가와사키의 무기가 두 개에서 세 개로 늘어난 효과는 상상 이상으로 컸다.

가와사키가 타자들을 쉽게 잡아내자 동료들은 마냥 신기해했다. 그들은 가와사키의 투구를 받는 포수에게 물었다. "가와사키의 슬라이더는 대체 얼마나 꺾이나?" 동료들은 가와사키의 공이 30cm쯤 휘는 것으로 짐작하고 있었다. 포수는 "이만큼 꺾인다"면서 두 손가락을 약간 벌려 보였다. 한 뼘 정도였다. 그렇게 작은 변화로 가와사키는 1993년 일본시리즈 최우수선수에 올랐고, 1998년에는 17승을 거두며 리그 최고 투수에게 주어지는 사와무라상을 받았다.

평범한 투수가 비범해지는 데는 많은 변화가 필요 없었다. 한 뼘이면 충분했다.

관성에 따라 사는 사람에게는 극적인 전환점이 필요하다. 그것도 한 뼘이면 충분하다.

のむら かつや
Katsuya Nomura

1935〜

두렵다면,
불안과 함께 가라

보이지 않는 힘을 얻기 위해 가는 길 또한 보이지 않는다. 새로운 길로 간다고 해서 성공한다는 보장은 어디에도 없다. 모든 변화는 그래서 두렵다. 용기가 필요하다. 그러나 처음부터 길을 잘못 들었다면 되돌아가는 길은 몇 배나 멀다. 더 늦기 전에 변화하고 노력할 수 있는 것에 감사해야 한다.

아무리 노력한다고 해도 불안감을 떨쳐버릴 수 없을 때가 있다. 노력만으로 극복하지 못하는 부분이 분명 있기에 불안을 느끼는 것이다. 불안은 노력한 이들이 가질 수 있는 친구다.

노무라는 "불안이 생기는 걸 불안해하지 말라"고 충고한다. 노력해놓고 겁쟁이가 될 필요는 없다. 미리 겁을 집어먹으면 도전 의지가 꺾이고 진화가 멈춘다. 불안에 잠식당할 필요가 없다. 친구처럼 함께 가면 된다.

다카쓰 신고는 야쿠르트에서 통산 286세이브, 미국 메이저리그에서 27세이브, 한국에서 8세이브를 거둔 투수다. 3개국을 오가며 통산 321세이브를 기록한 역대 최고 마무리 투수다.

노무라는 1990년 대학을 갓 졸업한 다카쓰를 처음 보고 프로에서 통하기 어렵다고 생각했다. 오른손 사이드암인 그의 변화구는 좌우로만 꺾였다. 공이 빠르지도 않았다. 오른손 사이드암의 투구를 잘 볼 수 있는 왼손 타자를 당해낼 수 없을 것 같았다. 다카쓰가 새 무기를 장착해야 한 단계 높은 선수가 될 것으로 노무라는 생각했다.

당시 노무라는 세이부 라이온스의 사이드암 시오자키 데쓰야를 유심히 지켜보고 있었다. 그가 던지는 싱커는 붕 떠올랐다가 뚝 떨어지는 궤적을 그렸는데 이전까지 누구도 던지지 못한 공이었다. 요미우리의 강력한 좌타자들도 시오자키의 싱커를 공략하지 못했다. 시오자키의 싱커를 던질 수만 있다면 다카쓰를 마무리 투수로 활용할 수 있다고 생각했다.

자신만의 야구 철학이 자리 잡지 않았는데도 고집만 내세우는 선수들은 다루기 어렵다. 그들에게 변화와 도전을 요구해도 좀처럼 움직이지 않는다. 크게 실패해봐야 조금씩 변하기 시작한다. 그러나 다카쓰는 영리하고 겸손한 선수였다. 변화를 빨리 받아들일 준비가 돼 있다고 판단하자 노무라는 강하게 밀어붙였다.

"지금의 너는 프로 선수들을 이겨낼 수 없다. 특히 왼손 타자를 당해내기 어려울 것이다. 살아남기 위해서 시오자키의 싱커를 훔쳐라."

다카쓰는 아마추어 시절 꽤 괜찮은 투수였지만 자존심을 내세우지 않고 노무라의 말을 잘 받아들였다. 영리한 이들은 대체로 괜한 고집을 부리지 않는다. 남들의 장점을 자신의 자산으로 흡수하려면 마음이 열려 있어야 하기 때문이다. 다카쓰는 노무라의 말을 따랐다.

영민한 다카쓰는 눈부터 움직였다. 시오자키가 싱커를 던지는 영상을 수없이 반복해서 봤다. 그리고 똑같이 던져보려 했다. 물론 시오자키를 따라 하는 것만으로는 그의 싱커를 훔쳐낼 수 없었다. 그게 쉬웠다면 다른 투수들도 던졌을 것이다. 시오자키는 약지와 중지 사이에 공을 끼고 던졌는데, 다카쓰가 아무리 따라 해도 잘되지 않았다. 흉내를 내는 것만으로는 그 본질을 훔쳐낼 수 없었기 때문이다.

다카쓰는 다른 방법을 찾았다. 검지와 중지에 공을 끼고 던져봤다. 몇 번 해보니 공이 어느 정도 떨어졌다. 노무라는 "똑같지 않아도 좋다. 대신 네 공으로 타자의 타이밍을 확실하게 빼앗을 수 있어야 된다"고 했다. 다카쓰는 시오자키의 싱커를 모방해 자신만의 무기를 만들었다. 그를 최고의 마무리 투수로 만든 무기, 슬로 싱커다.

다카쓰는 시범경기 때 슬로 싱커를 자주 던졌다. 낯선 궤적에서 떨어지는 공에 타자들은 대부분 헛스윙을 했다. 다카쓰도 슬로 싱커를 처음 익힐 때 그 공을 확신하지는 못했지만 시범경기를 통해 완전히 자신감을 얻었다. 그는 긴장감 속에서도 침착함을 잃지 않는, 마무리 투수에 꼭 어울리는 심장을 갖췄다. 여기에 확실한 무기를 장착하자 쭉쭉 성장했다. 사이드암스로인데도 왼손 타자에 더 강했다. 입단 3년째인 1993년에는 마무리로 완전히 자리를 잡아 20세이브를 올렸다.

다카쓰에게도 위기는 있었다. 특급 변화구를 손에 넣고도 다른 욕심이 생긴 것이다. 힘찬 직구로 타자를 삼진으로 잡고 싶어 하는, 남자의 본능을 억누르지 못할 때가 있었다. 다카쓰는 마무리 투수로 안착한 뒤 무리하게 빠른 공으로 승부하다가 얻어맞는 일이 종종 있었다. 자신의 마음부터 다스려야 하는 마무리 투수의 첫째 임무를 다카쓰는 잊어가고 있었다. 노무라가 "직구로 힘 싸움을 해선 이길 수 없다"고 몇 번씩 충고하고 야단쳤지만 다카쓰는 바뀌지 않았다. 뭔가 되겠다 싶으니 고집이 생긴 것이다. 응급치료가 필요했다.

1993년 요미우리와 경기 9회 말 1사 주자 2루 상황. 다카쓰는 거물 신인 마쓰이 히데키와 맞섰다. 당연히 변화구 사인이 나올 타이밍이었지만 더그아웃에 있던 노무라는 직구 승부를 주문했다. 다카쓰는 조금 의아한 표정을 짓고는 직구를 던졌다. 그 공은 도쿄돔 최상단까지 날아가는 대형 투런 홈런이 됐다.

경기 후 노무라가 의문을 풀어줬다. 그는 "당시 우리가 4-1로 앞서고 있었다. 마쓰이 뒤에 있는 타자들을 보니 마쓰이에게 홈런을 맞더라도 추가 실점을 하지 않고 이길 수 있다는 계산이 섰다. 또 마쓰이가 몸 쪽 직구에 강하다는 소문의 진위를 확인하고 싶었다"고 설명했다.

노무라의 도박은 성공했다. 다카쓰는 마쓰이에게 어마어마하게 큰 홈런을 맞고 정신을 번쩍 차렸다. 이후 다카쓰가 후속 두 타자를 잡아 야쿠르트는 4-3 승리를 거뒀다. 1승을 지키면서도 다카쓰에게 생생한 교훈을 남긴 경기였다. 어쩌면 역전을 허용해 실패할 수도 있는 도박이었다. 그러나 노무라는 다카쓰의 미래, 팀의 미래를 위해서 한번쯤 무리한 베팅을 했다.

마운드를 내려오는 다카쓰를 향해 노무라는 "거봐, 무리한 정면 승부는 안 되겠지?"라고 물었다. 다카쓰는 힘으로 타자를 누르는 투수가 아니라는 걸 깨닫게 해주고 싶었다. 수 싸움을 하고, 상대의 타이밍을 빼앗는 게 다카쓰가 살아남는 방법이었다. 더그아웃으로 돌아온 다카쓰는 얼굴이 잔뜩 상기돼 있었다. 한 방 크게 얻어맞고 뭔가를 깨달은 것 같았다. 스스로 깨우치는 것만큼 확실한 교훈은 없다. 노무라는 더 이상 이 문제를 언급하지 않았고, 다카쓰 역시 무모한 직구 승부를 다시는 하지 않았다.

Chapter **8**

야구도, 경영도
'인간학'이다

―――――

노무라는 평생 자신이 약자(弱者)라고 생각했다.
자신의 콤플렉스와 싸웠고, 더 강한 상대를 이기기 위해 노력했다.
더 강해지고 싶고, 꿈을 이루고 싶은 마음은 노무라의 자기애(自己愛)에서 비롯됐
다. 리더가 된 후에는 동료의 마음을 얻는 게 가장 중요하다는 걸 깨달았다.
노무라의 야구, 노무라의 리더십은 결국 인간학(人間學)이다.

―――――

のむら かつや
Katsuya Nomura
1935~

사랑하라,
더 사랑하라

노무라는 늘 불만이었다. 어린 시절에는 가난해서 불만이었고, 야구를 더 잘하지 못해서 불만이었다. 홈런을 제법 치기 시작한 뒤에는 타율이 낮아 불만이었고, 최고 타자가 된 후에는 나가시마 시게오처럼 큰 인기를 얻지 못해서 불만이었다. 감독이 된 후에는 더 많이 이기지 못해 불만이었다.

그가 불평불만을 남에게 늘어놓은 건 아니다. 스스로 만족하지 못했을 뿐이다. 자신을 사랑했기에 잘하고 싶었고, 성공하고 싶었던 것이다. 자기애가 강했기에 작은 성공에 취하지 않고 더욱 노력할 수 있었다. 그런 날들이 쌓여 일본 최고의 명장 노무라를 만들었다.

자신을 진정으로 사랑하는 사람은 빗나가는 법이 없다. 주저앉아서 쉬지도 않는다. 온갖 정성을 쏟으며 자신의 소중한 인생을 가꿔간다. 그게 성공의 비결이다.

자신을 이해하고 사랑할 줄 아는 사람이라면 남도 배려하고 아낄 수 있다. 감독이 된 노무라가 ID 야구를 한 이유는 사람보다 데이터가 중요하다고 믿어서가 아니었다. 인간의 불완전함을 인정하고, 부족한 점을 채우기 위해서였다. 그래야 실패를 성공으로 바꿀 수 있기 때문이다. 노무라는 초시계부터 컴퓨터까지 모든 기계를 활용했지만 그것들은 결국 사람을 움직이게 만드는 도구였다. 한 사람에게서 한 가지 이상의 장점을 이끌어내는 것, 쓸모없다고 버려진 선수를 재생해 다시 뛰도록 도운 게 노무라 리더십의 본질이었다.

노무라의 노력, 노무라의 야구, 노무라의 철학은 결국 사람을 향했다. 그의 성공은 일본 사회에 묵직한 울림을 줬다. 많은 선수와 지도자들이 노무라의 야구를 공부했다. 뿐만 아니라 장기 불황에 시달리는 일본 사회가 노무라의 성공을 교훈 삼아 이기는 법을 배우려 했다. 20여 권에 이르는 그의 저서는 야구 전문 서적 이상의, 리더십과 인재 · 조직 관리의 참고서로도 높은 인기를 얻고 있다.

더 강해지기 위한, 상대를 이기기 위한 노력은 누구나 한다. 성공하기 위해서는 보통 이상의 노력이 필요하다. 밑바닥에서 꼭대기까지 오른 노무라 스토리는 그래서 가치가 있다. 노무라는 끊임없이 스스로를 돌아봤고, 노력의 방향을 정했고, 다양한 전략을 연구했다. 그는 "자신이 쓸모없다고 깨닫는 것도 나쁘지 않다. 어쩌면 그게 유용한 사람이 되는 첫걸음이다. 0에서 출발하면 된다"고 말했다.

강해지기 위해서는 사랑해야 한다. 자신을 사랑해야 한다. 지금보다 더 사랑해야 한다. 강한 팀을 만들기 위해서는 동료들을 사랑해야 한다. 그들과 함께 갈 수 있는 길을 찾아야 한다. 그러면 그들을 위해 할 수 있는 것이 더 많이 보인다.

노무라는 리더십에 관한 몇 가지 팁을 줬다.

리더십의 시작은 신뢰다. 팀을 맡은 리더가 풀어야 하는 첫 번째 숙제는 신뢰를 얻는 것이다. 상사가 부하를, 구성원이 리더를 서로 믿어야 한다. 개인과 조직의 신뢰 또한 중요하다. 여기에도 순서가 있다. 신뢰한다는 신호를 먼저 보내야 하는 쪽은 선배, 즉 리더다. 감독이 자신을 믿어준다는 걸 인식한 선수는 달라지게 마련이다. 그리고 더 큰 신뢰를 얻기 위해 노력할 것이다.

노무라는 "리더십은 사람을 움직이는 일이다. 지식을 전하거나 권위를 내세우기에 앞서 '네가 널 신뢰한다'는 메시지를 줘라. 감독이 믿어주면 선수는 뼈가 부서지도록 달린다. 리더가 신뢰하는 구성원은 더 크게 성장할 수 있다"고 했다.

신뢰는 말로 얻을 수 없다. 서로 믿기 위해서는 흔들리지 않는 원칙이 필요하다. 리더가 먼저 확고한 기준을 세워야 한다. 어제 지시한 것과 오늘 이야기한 것이 다르면 팀의 질서가 깨진다. 마음이 급해 일관성 없이 구성원을 이리저리 몰아가면 혼란만 남을 뿐이다. 말이 많으면 말들이 서로 엉킨다. 리더는 핵심 메시지를 준 뒤에 기다리면서 중심을 잡아야 한다.

두 가지 이상의 이념이 충돌할 때는 반드시 순서가 있어야 한다.

노무라는 "조직에 원칙을 세우는 건 정말 중요하다. 경기를 하다 보면 복잡한 문제가 생길 때가 많다. 판단이 쉽지 않을 때는 원리원칙으로 돌아가서 결정하면 된다. 확고한 원칙이 있는 팀은 안정적이며 강하다"고 주장했다.

사람 사이의 정(精)도 빼놓을 수 없다. 정은 조직을 끈끈하게 만드는 역할을 한다. 노무라는 냉철한 승부사지만 사람을 대하는 시선은 따뜻하다. 노무라는 "기본적으로 사람은 정으로 살아가는 존재다. 그걸 잊으면 안 된다"고 역설했다. 노무라의 약자병법에는 사람을 사랑하는 마음이 담겨 있다. 따뜻한 인간애가 흐르고 있다.

노무라는 "사람을 평가할 때 서둘러 판단해서는 절대 안 된다. 평가를 내리는 사람, 평가를 받는 사람 모두에게 충분한 시간이 필요하다"고 강조했다. 인간의 재능은 언제 어디서 꽃필지 모른다. 리더는 인간의 숨은 가능성을 잘 살피고, 잠재력이 터지기를 기다려야 한다.

기다린다는 것은 시간을 그냥 보내는 게 아니다. 열심히 뛰는 걸 지켜봐주고, 때로는 잠시 쉬게도 해야 한다. 숨을 돌릴 때 선수의 마음을 엿볼 기회를 만들어야 한다. 선수가 무엇을 자신 있어 하는지, 무엇이 문제라고 생각하는지 들어봐야 한다. 그런 소통을 통해 조직의 신뢰가 탄탄해지고 활기도 생겨난다.

のむら かつや
Katsuya Nomura

1935~

리더에게도
리더가 필요하다

리더는 외로울 수 있다. 리더는 권위적이며 독단적이 될 수도 있다. 외롭지 않으려면 구성원의 관심과 도움을 받아야 한다. 독선에 빠지지 않으려면 스스로 항상 반성해야 한다. 리더도 완전할 수 없는 사람이라는 것을 인정해야 '리더의 함정'에 빠지지 않는다. 리더에게도 리더가 필요하다.

선수 시절 노무라는 쓰루오카 감독과 썩 맞지 않는다는 걸 알게됐다. 쓰루오카 감독은 선수들을 칭찬하는 법이 없었다. 가끔 기자들 앞에서는 선수를 칭찬하기도 했다. 그러나 그건 진심이 아니라전략적인 행동으로 보였다. 신문 지면을 보면 쓰루오카 감독은 선수를 꽤 위하는 리더 같았다. 그러나 실제로는 선수와 얼굴을 맞대고 인간적으로 대화하는 일이 많지 않았다. 4번 타자이자 주전 포수인 노무라에게도 엄하게 대했다. 쓰루오카 감독은 부하는 채찍으로 키워야 한다고 생각했다. 반면 상대 선수들에겐 후한 평가를 내렸다.

쓰루오카에게도 단 하나의 예외가 있었다. 입단 2년 차인 1959년 일본시리즈에서 홀로 4승을 거둔 에이스 스기우라였다. 쓰루오카 감독은 스기우라만은 입에 침이 마르게 칭찬했다. 그가 매우 독보적인 투수인 건 틀림없지만 다른 선수들을 대할 때와 전혀 다른 태도로 대하는 걸 노무라는 이해할 수 없었다. 나머지 선수들의 사기가 더 떨어진 건 물론이었다.

마하라 오사다 니시테쓰 라이온스(현 세이부 라이온스) 감독은 쓰루오카 감독과 정반대였다. 소속 팀 선수들을 동생처럼 대했다. 그는 입만 열만 선수들을 칭찬했고, 경기 때는 더그아웃 맨 앞에서 선수들을 포옹하기도 했다. 선수들을 집으로 불러 술자리를 만들기도 했다. 감독이 아니라 응원단장 같아 보일 만큼 선수에게 친절했지만 상대 선수에게는 지나칠 만큼 적대감을 드러냈다.

노무라는 구장 복도에서 마하라 감독과 우연히 마주친 적이 있다. 훌륭한 선배를 만났다는 생각에 "안녕하세요"라고 인사했다. 마하라 감독은 이상하게도 화난 얼굴을 하더니 그냥 지나쳤다. 소속 팀을 떠나 스포츠맨끼리 나눠야 하는 인사조차 거부하는 것을 노무라는 이해할 수 없었다.

노무라는 훗날 감독이 돼 긴테쓰로 자리를 옮긴 마하라 감독과 대결했다. 마하라 감독은 언론 인터뷰를 통해 "난카이를 이기기 위해서는 노무라를 돼지의 썩은 얼굴로 만들어야 한다"며 도발했다. 외모 콤플렉스가 심한 노무라를 흔들기 위한 심리전이었다. 노무라는 이기기 위해 갖가지 책략을 쓰는 감독이었다. 그러나 마하라 감독처럼 도를 넘어서는 절대 안 되겠다고 마음먹었다.

쓰루오카 감독과 마하라 감독은 노무라에게 반면교사(反面敎師)였다. 양극단의 감독 사이에서 노무라는 진짜 리더의 길을 찾았다. 노무라가 가장 존경하는 지휘관은 가와카미 데쓰하루 요미우리 감독이었다. 그는 취임 5년째인 1965년부터 전무후무한 9년 연속 일본시리즈 우승을 이뤄낸 명장이었다.

가와카미 감독은 '팀플레이란 작은 준비로 큰 실수를 막는 것'이라는 신념을 갖고 있었다. 노무라는 그 말을 참 좋아했다.

가와카미 감독은 최고의 자리에서도 안주하는 법이 결코 없었다. 우승을 차지한 뒤에도 한 치의 흐트러짐 없이 미래를 준비했다. 당시 요미우리에는 스타플레이어가 즐비했지만 개인 욕심을 버리고 팀 승리를 최우선 가치로 여길 줄 알았다. 가와카미가 그런 팀을 만든 것이다. 노무라는 "가와카미 감독 같은 리더가 되는 게 목표였다. 어려움에 빠지면 '이럴 때 가와카미 감독이라면 어떻게 했을까'라고 나 자신에게 물었다. 그렇게 답을 찾았다"고 말했다.

가와카미 감독도 상대 팀 포수 노무라의 능력을 인정했다. 가와카미 감독은 일본시리즈에서 퍼시픽리그의 다른 팀과 대결을 앞두면 요미우리의 포수이자 심복인 모리 마사히코를 보내 노무라에게 정보를 얻으려 했다. 덕분에 노무라는 모리와 친해질 수 있었다. 노무라는 일부 정보만 모리에게 주면서, 모리에게서 가와카미 감독 얘기를 들으려 노력했다.

"가와카미 감독은 미팅 때 어떤 얘기를 하나?"

"그 영감, 야구 얘기는 거의 안 해."

"뭐라고? 그럼 무슨 얘기를 하는데?"

"사회학, 심리학 같은 얘기를 주로 하지. 사람 사는 얘기야. 대기업 사장 등 외부인과 나눈 대화 중 야구에 도움이 될 만한 말도 하더라고."

노무라는 깜짝 놀랐다. 왜 그럴까 천천히 생각해봤다. 가와카미 감독은 선수의 의식부터 바꾸려 했다. 왜 야구를 해야 하는지, 성공의 의미가 무엇인지를 역설했다. 머리를 바꾸어 마음을 움직였다. 가와카미 감독은 강의를 통해 선수들의 열정에 불을 붙였다. 전술이나 기술적인 문제는 각 분야를 담당한 코치가 잘 풀어낼 수 있다. 감독은 팀 전체를 지휘하는 역할이다. 선수들이 강한 의지를 갖게 된다면 야구는 쉽다. 가와카미 감독은 그걸 꿰뚫은 것이다.

노무라는 귀가 번쩍 열렸다. 그는 목표에 가장 일찍 도달할 수 있는 지름길이 모방이라고 생각하고 있었다. 가와카미 감독의 얘기는 노무라에게 좋은 교재가 됐다.

노무라는 "최고가 됐을 때 인간은 만족감을 느낀다. 평생 승리에 배고팠던 나도 감독이 되어 첫 우승을 차지한 뒤에는 뭔가 달라진 것 같았다"면서 "신문에서 내 사진을 보면 우승하기 전에는 표정이 항상 일그러져 있었다. 뭔가를 갈구하는 것 같았다. 그런데 우승 후에는 편안한 얼굴이 돼 있었다. 현실에 안주하려 한 것 같았다"고 고백했다.

그럴 때마다 노무라는 가와카미 감독을 떠올렸다. 아무리 많이 이겨도 가와카미 감독은 승리를 갈망했다. 오 사다하루와 나가시마 시게오라는 최고의 선수들을 갖추고 있으면서도 매년 전력을 보강했다. 스프링캠프에서의 정보 통제는 갈수록 심해졌다. 노무라는 "보통 사람들은 목표를 이루고, 우승을 한 뒤에는 한숨을 돌린다. 그러나 가와카미 감독은 이긴 뒤에도 결코 만족하지도 방심하지도 않았다"고 회고했다.

요미우리 포수 모리는 훗날 세이부와 요코하마 감독에 올랐다. 그는 스승 가와카미 감독의 지휘 스타일을 빼다 박았다. "돌다리를 두드리고도 건너지 않는다"고 말할 정도로 신중한 모리 감독은 상대의 약점을 파고드는 전략을 가와카미 감독에게 많이 배웠다. 이것 또한 노무라의 콤플렉스였다. 노무라는 자신도 모르게 쓰루오카 감독과 닮은 점이 있었다. 툭툭 독설을 내뱉을 때 특히 그런 감정을 느꼈다.

노무라는 쓰루오카 감독의 뒤를 따라가지 않으려고 노력했다. 한편으로는 외부에서 가와카미 감독이라는 훌륭한 롤 모델을 찾았다. 덕분에 노무라는 쓰루오카 감독의 그림자에서 조금씩 벗어날 수 있었다.

のむら かつや
Katsuya Nomura
1935~

100명의 사람을
100가지 마음으로

깐깐하고 고집 센 노무라가 독재 권력을 휘둘렀을 것 같지만 실제로는 그렇지 않았다. 리더로서 큰 그림을 그린 뒤에는 한발 물러설 줄도 알았다. 코치의 역할, 또 중심 선수의 역할을 존중한 것이다. 이들에게 많은 힘을 실어주는 대신 엄격한 자격을 요구했다.

인간은 본래 천차만별의 존재다. 구성원이 백 명이라면 백 가지 생각으로, 백 가지 방법으로 대해야 한다. 그래서 중간 관리자, 야구에서는 코치들의 역할도 중요하다. 노무라는 "개인의 특성을 인정하지 않고 남을 가르치는 건 무모한 일"이라고 말했다. 그런 지도자에게 배우는 선수는 더 불행하다.

노무라는 "자신이 갖고 있는 틀에 모든 선수를 똑같이 밀어 넣는 감독이나 코치가 있다. 세상에서 가장 무능한 사람들"이라고 비판

했다. 똑같은 틀에 들어가면 개성이 사라진다. 틀에 맞지 않는 재능은 모두 소멸되기 때문이다. 틀은 또한 모양뿐 아니라 크기도 제한한다. 잠재력이 아무리 뛰어난 사람이라도 자신을 가둔 틀보다 크게 성장하기 어렵다.

천시(天時)는 지리(地利)만 못하고 지리는 인화(人和)만 못하다고 했다. 하늘의 도움을 의지하는 것보다 지형과 상황을 파악하는 것이 효과적이고, 지리보다는 사람 간의 화합이 우선이라는 뜻이다. 천시와 지리는 외부적 요인이고 인화는 내부적 조건이다. 리더는 맨먼저 사람을 살피고, 맨 나중에도 사람을 살펴야 한다. 사람의 마음을 얻는 최고의 방법은 사랑하는 것이다. 사랑으로 대하면 마음의 문이 열린다. 특히 약한 사람을 더 살폈다. 약자야말로 약진할 수 있고, 확 달라질 수 있기 때문이다.

리더는 팀의 두뇌다. 때로는 심장이 될 수도 있다. 그러나 그라운드에 나가 싸우는 건 결국 선수들이다. 선수들을 사랑하면 그들의 마음을 움직일 수 있고, 그래야 그들의 능력을 이끌어낼 수 있다. 노무라가 인간학을 공부한 이유다.

《손자병법》에도 비슷한 가르침이 있다. "명령하되 덕으로서 명령하고, 다스리되 무위로서 다스리면 반드시 승리한다. 명령이 이뤄지도록 하려면 평소에 신뢰를 쌓아야 한다"고 했다. 아울러《손자병법》은 "군졸 보기를 사랑하는 아들과 같이 하여야 그와 더불어 생사를 같이할 수 있다. 군졸을 후하게 대하되 부리지 못하고, 사랑하되 명령하지 못하고, 문란한데도 다스리지 못하면 교만한 아들과 같아서 쓸 수 없다"고 가르쳤다.

이는 노무라의 약자병법과 맞닿아 있는 부분이다. 리더 노무라의 말과 표정은 엄격하고 독했지만 그의 마음이 그렇지 않다는 건 선수들이 잘 알았다. 신상필벌(信賞必罰)과 공명정대(公明正大)라는 원칙이 있지만 그 밑에는 인간애가 흐른다는 걸 리더와 구성원이 인지하고 있었다.

노무라는 훈련보다 교육을 먼저 시작했다. 선수들이 바른 의식을 갖기를 바랐고, 그래야 팀이 강해진다는 것을 알았다.

"우리는 왜 사는가?"

"너는 왜 야구를 하고 있는가?"

"너와 나, 우리의 1년 후, 10년 후는 어떨까?"

이런 근원적인 질문을 던지면서 소통이 시작된다. 그러다 보면 각자의 어린 시절을 얘기하고 성장 과정을 공유하게 된다. 각자의 가치관을 탐색할 수 있다. 지금의 나를 과거에서 찾는 것이다. 이 과정에 충실할 수 있다면 각자의 현재를 이해하기 수월해진다. 그리고 선수와 팀의 미래를 함께 그릴 수 있다. 문제점이 나오면 해결책을 찾고, 좋은 아이디어를 내면서 실천 방안을 함께 고민하는 시간을 만드는 것이다.

그리고 야구 얘기로 들어간다. 각자는 모두 이겨야 할 이유가 있고, 성공해야 할 이유가 있다. 기계처럼 운동을 하는 게 아니라 처음 야구를 시작한 때로 돌아가서 다시 꿈을 꾸게 하는 것이다. 그리고 몇 년 후 그라운드를 떠날 때를 그려보게 한다. 오늘 하루의 절박함, 한 타석의 소중함, 공 하나의 중요성을 깨닫게 하는 것이다. 일상 속에서 잊기 쉬운 인생의 목적에 대해서 얘기하고 선배의 지혜를 구하는 건 그래서 중요하다.

다시 사람 얘기를 이어간다. 1년 후에 지금보다 더 성장하기 위해서, 10년 후엔 멋지게 은퇴하기 위해서, 그라운드를 떠난 뒤에도 계속 명예롭게 살기 위해 무엇을 할지 고민하는 것이다. 각자 훌륭한 기량을 갖고 싶어 하고, 훌륭한 팀을 만들고 싶어 한다. 모든 사람은 소중한 존재이기에 스스로를 존중하고, 남들에게 존경받기를 소망한다. 그러기 위해 노무라는 자신을 사랑하고, 남을 사랑해야 한다는 것을 끊임없이 일깨웠다. 사람이 사람으로서 사람을 대하면 너와 내가 아닌 우리가 된다. 개인 간의 경계가 허물어지면 엄청나게 큰 힘을 만들 수 있다.

のむら かつや
Katsuya Nomura
1935~

사람은
실패하면서 배운다

노무라는 감독으로서 1565승 76무 1563패를 기록했다. 승률 50.03%. 이긴 만큼 진 것이다. 그의 업적을 숫자로만 판단한다면 그는 훌륭한 리더라고 말할 수 없다. 3000경기는커녕 1000경기를 지휘할 기회도 얻지 못했을 것이다.

노무라는 자신이 당한 1563패를 1565승만큼이나 자랑스러워한다. 누구보다 많은 패배를 당했기에 실패의 경험과 교훈을 얻었다고 믿기 때문이다. 실패한 노무라는 더 노력했고 승률 40%에서 허덕이던 팀을 승률 50% 이상의 팀으로 끌어올렸다. 패배를 두려워하지 않았고 패배에서 배운 덕분이다.

20대의 노무라에겐 패배란 어쩌면 당연했다. 남들보다 재능이 뛰어난 것도 아니고 눈에 띄는 학력이나 경력이 있는 것도 아니었다. 대신 패배에서 하나라도 배우려 노력했다. 자신보다 뛰어난 선배나

라이벌을 모방하려 했고, 힘이나 기술에서 밀리면 머리를 써서 이길 방법을 찾았다. 리더가 되어서도 마찬가지였다. 노무라는 선수가 부상이나 부진에 빠졌을 때 함께 해법을 찾았다. 누구나 패하는 과정에서 약점과 단점이 드러난다. 어제의 문제를 찾아내 내일의 결과를 바꿀 수 있다면, 오늘의 패배는 충분히 값진 것이다. 젊을 때는 지면서 배우고, 틀리면서 깨닫는 것이다. 많이 져본 사람이 많이 이길 수 있다. 그러나 타인이나 환경을 탓하고는 금세 망각할 패배라면 백 번을 당해도 나아질 게 없다.

승리하면 많은 걸 배울 수 있고, 패배하면 더 많은 걸 배울 수 있다. 값진 패배가 되려면 반드시 패배의 원인을 찾아내야 한다. 사람은 본능적으로 패배를 돌아보는 걸 고통스러워한다. 기억에서 지우고 싶어 하고, 심지어 패배한 사실을 부정하기도 한다. 그런다면 똑같은 실수를 반복할 확률이 높다. 아프더라도 자신의 잘못과 상처를 돌아봐야 한다. 문제점을 찾아서 수정, 보완해야 한다.

노무라는 경기가 끝난 뒤 매일 기록지를 분석했다. 승패를 떠나 어떤 과정을 통해서 결과가 나왔는지를 반드시 뒤돌아봤다. 그날의 작전 지시가 어떻게 성공하고, 왜 실패했는지, 또 당시의 감정이 어땠는지를 기억할 수 있을 때 스스로를 점검하는 것이다.

복기(復碁)는 단지 승부를 돌아보는 게 아니다. 자신을 거울에 비춰보는 것과 같은 효과가 있다. 노무라는 "경기를 할 때 항상 주의하지 않으면 어떤 경향 같은 게 생긴다. 이게 습관처럼 반복되면 상대에게 내 작전을 읽힐 수 있다. 긴장하고 동요할 때 나도 모르게 버룻이 나와버린다. 그것을 막기 위해 매일 스코어북을 점검하며 스스로를 반성했다"고 회상한다. 끊임없이 자신의 결점을 돌아보는 것, 이러한 노력이 태도를 바꾼다.

실수를 돌아보는 과정에서 노무라는 항상 손으로 메모했다. 머리에 남은 것들을 손으로 써보면서 다시 한 번 기억하기 위해서다. 메모리 기술이 발달하면서 노무라의 메모도 뜸해진 적이 있다.

노무라는 야쿠르트 감독 시절 인생과 야구의 의미를 선수들에게 효과적으로 전달했다. 그러나 한신 사령탑에 부임하고 나서는 그게 잘되지 않았다. 물론 받아들이는 구성원의 차이 때문이었을 것이다. 스타 의식에 사로잡힌 한신 선수들은 노무라의 말에 처음부터 귀를 닫았다. 또 하나의 이유가 있었다. 전달 방법이 야쿠르트 시절과 달랐다는 걸 노무라는 나중에야 발견했다.

노무라는 선수 시절부터 열심히 메모하는 습관이 있었다. 야쿠르트 선수들을 대상으로 강의할 때도 칠판에 글을 써가며 메시지를 전했다. 선수들은 좋든 싫든 이를 받아 적었다. 반면 한신 시절에는 그 내용을 문서로 만들어 선수들에게 나눠 준 뒤 교육을 진행했다. 직접 판서할 때보다 청취자가 기억하고 느끼는 메시지의 깊이가 얕았다.

야쿠르트 선수들은 메모를 하며 눈과 귀, 그리고 손으로 메시지를 받아들였다. 오감 중 세 가지 감각을 사용한 셈이다. 출력물을 받아 든 한신 선수들은 눈과 귀만 사용했다.

메모는 인간의 한정된 기억력을 보완하는 훌륭한 보조 장치다. 노무라는 "세상이 아무리 발전했다고 해도 메모는 꼭 필요하다. 실수를 돌아보게 하고, 망각하기 쉬운 걸 잡아준다. 메모는 느끼고 기억한 것을 확인하는 최고의 수단"이라고 말했다. 느끼는 힘이 강해지면 사고력이 강화된다. 상상력이 커진다. 노무라의 복기법은 이렇게 만들어졌다.

생태계의 먹이사슬은 바뀌지 않는다. 맹수끼리는 한 번 싸우면 서열이 정해진다. 그러나 인간의 승부는 다르다. 야구에서도, 인생에서도 승패는 언제든 뒤집어질 수 있다. 그리하여 노무라는 한 번의 패배를 실패로 보지 않았다.

한 번 졌다고 지금까지의 노력이 헛된 건 아니다. 인간은 실패를 통해 배우며 진화해왔다. 야구에서도 한 판 승부를 이기는 것보다 열 번 싸워서 다섯 번 이상 이기는 것이 더 중요하다. 노무라는 강해지기 위해 무슨 수라도 썼지만 과정 또한 중시했다. 결과부터 생각하면 눈앞의 쉽고 달콤한 유혹을 이겨내지 못한다고 노무라는 믿었다. 합당한 노력 없이 좋은 결과를 바라는 이들은 근심하느라 시간을 다 보낸다. 과정에 충실한 사람은 눈앞의 과제를 해결하는 데 에너지를 쓴다. 그것들이 쌓여 좋은 결과를 만드는 걸 알기 때문이다.

결과만을 놓고 선수를 평가하는 것은 위험하다. 결과에는 운이 작용하기 때문이다. 삼진을 당하더라도 타자가 충분히 생각하고 행동한 결과라면 노무라는 꾸짖지 않았다. 오히려 삼진이 두려워 계산 없이 방망이를 댄 것이 행운의 안타가 됐다면 못마땅해 했다.

노무라가 말하는 '과정'은 '충실한 준비'를 의미한다. 한두 차례의 성공은 어쩌다 얻을 수 있다. 이 결과에 취해서는 안 된다는 것이 그의 신념이다. 좋은 결과를 지속적으로 내기 위해서는 충실한 준비가 필요하다. 과정을 위해 총력을 다하는 것이 성공의 지름길이다

노무라는 "작은 일들이 모여 큰일이 된다"고 말했다. 그가 말하는 작은 일은 일상적인 업무, 야구 선수에게는 매일 반복되는 기초 훈련일 것이다. 그냥 역기를 들고, 스트레칭을 하고, 공을 던지고 받는 것이 전부가 아니다. 실전에 적용하기 위한 훈련을 항상 해야 한다. 정신을 바짝 차리고 있어야 한다. 똑같은 운동을 해도 그래야 효과가 크다.

야구는 세 시간이면 끝난다. 이길 때도 있고 질 때도 있다. 승부가 끝났다고 해서 공부마저 끝난 건 아니다. 오늘 졌다면 그 원인을 따져보고 내일은 이길 방법을 찾으면 된다. 그렇다면 지금의 실패는 실패로만 끝나지 않는다. 노무라의 삶은 그걸 말하고 있다.

Chapter 9

굿바이 올드보이

꼰대의 잔소리가 필요한 이들이 있다.

그들에게 노무라의 역전의 기록, 성공 스토리는 여전히 희망이 될 수 있다. 약자가 강자가 되는 이야기는 유행이 아닌 고전이기 때문이다.

이 시대를 노무라처럼 살 필요는 없다. 그러나 노무라를 읽고 배우는 건 얼마든지 할 수 있다. 고전이 주는 영감은 바뀌지 않는다.

のむら かつや
Katsuya Nomura
1935~2020

0으로 마감

노무라는 2020년 2월 11일 새벽, 도쿄 자택의 욕조에서 숨졌다. 사인은 심부전증이었다. 1935년부터 85년 동안 뛰던 그의 심장이 멈췄다. 어린 시절 불안함과 열등감에 사로잡혀 쿵쾅거렸던 심장이, 야구 선수가 되어서는 숨이 가쁘도록 훈련하느라 세차게 뛰었던 심장이 그렇게 멈췄다.

라쿠텐 골든이글스 감독에서 물러나 그라운드를 떠난 뒤 10년이 지나서였다. 노무라는 은퇴 후 야구 평론가로 활약하기는 했다. 그래도 현역 시절처럼 가슴이 뜨겁지 않았을 것이다. 끊임없이 노력하고, 쉬지 않고 성취했던 그의 인생에서 평론이라는 직업은 매우 따분했을 것 같다.

말년에 그의 곁을 지킨 사람은 그리 많지 않았다. 그는 고집이 셌다. 친절하거나 부드러운 사람도 아니었다. 화목한 가정을 이루지 못했고, 마음 터놓는 친구도 많지 않았다. 욕조에서 쓰러진 노무라의 마지막 모습은 가사 도우미가 발견했다.

노무라는 자신의 인생을 "0으로부터 출발했다"고 표현했다. 요즘 우리 식 표현이라면 '흙수저'와 비슷할 것이다. 그는 열한 살 때부터 신문을 배달한 소년 가장이었고, 달맞이꽃처럼 외롭게 살던 청년이었다. 재능이 뛰어나지 않았지만 열등감마저 성장 동력으로 만든 선수였고, 약팀을 강팀으로 만들고자 평생을 고민한 감독이었다.

그는 한때 최고의 타자였다. 감독으로서도 최정상에 섰다. 그러나 금세 2인자로 밀려났다. 성공해서도 그걸 마음껏 누리지 못했다.

돈을 많이 번 노무라에게도 고급 시계 등 사치품을 열심히 사 모으던 시기가 있었다. 가난에 사무친 어린 시절의 기억 때문에 보상심리가 작용한 것이다. 애써 사들인 것들을 집에 도둑이 들어 잃어버렸다고 한다. 처음부터 노무라와 어울리지 않는 물건들이었다. 세속의 시각으로 보면 그가 남긴 건 별로 없다. 노무라의 인생은 다시 0으로 돌아갔다.

그가 세상을 떠난 뒤에 여러 뉴스가 전해졌다. 메이저리그에서 성공한 다나카 마사히로는 스승의 부음을 듣고 "노무라 감독님은 피칭이 무엇인지 가르쳐 주셨다. 프로에 입단하자마자 노무라 감독님을 만나서 배울 수 있었던 것은 내 야구 인생에서 가장 큰 행운 가운데 하나"라고 소셜미디어(SNS)에 썼다.

다카쓰 신고 야쿠르트 스왈로즈 감독은 스승의 부고를 듣고 오열했다. 그는 "노무라 감독님으로부터 '어려움'을 배웠다. 감독이 된 지금도 배우는 게 많다"고 말했다.

2020 도쿄 올림픽 일본 야구대표팀 사령탑인 이나바 아쓰노리는 "노무라 감독에 대한 고마운 마음을 가지고 선수 생활을 했다. 스승님의 가르침을 새기면서 올림픽 우승을 위해 노력하겠다"고 했다. 이나바는 대학 시절 노무라 감독의 눈에 우연히 띄어 1995년 야쿠르트에 3순위로 신인 지명을 받았다. 이나바는 2017년 은퇴할 때까지 2167안타를 때렸다.

성공한 제자들이 옛 스승을 자주 찾는 경우는 많지 않다. 꼬장꼬장 잔소리를 늘어놓던 야구 감독이라면 더 그럴 것이다. 그러나 노무라의 부고를 전해들은 제자들은 아마도 마음 한편이 무거웠을 것이다.

노무라는 여러 가지 방식으로 제자들의 야구 인생에 가장 큰 영감(靈感)을 줬다. 그런 고마움을 가지고 있으면서도 영감(令監)이 된 스승을 잊고 살았다. 노무라는 평론가로서도 독하고 입바른 말을 남겼다.

노무라는 0으로 돌아갔지만, 그가 살다간 세상에는 뚜렷한 발자국이 남았다. 가난을 극복하겠다는 의지, 노력으로 부족한 재능을 메우겠다는 신념, 패배를 승리로 바꿀 수 있는 전략이 그것이다.

그가 쓴 저서들은 그의 유산으로 남았다. 야구를 통해 입신의 경지에 오른 그의 말과 글은 인생에 대한 통찰로 이어졌다. 그를 상대했던 동료들과의 승부로도 기억된다. '생각하는 야구'를 구현한 노무라와 상대하려고 다른 선수들도 야구를 새로 공부했다. 노무라는 제자들의 야구에도 배어 있다. 노무라는 어깨에 힘이 들어간 신인들에게 가장 무서운 감독이었다.

노무라의 죽음과 함께 일본에서는 그의 야구 인생이 재조명됐다. 노무라는 시대를 앞선 야구를 했다. 그의 행적을 현대 야구에 적용하면 맞지 않는 부분도 많다. 그래도 야구 팬들은 그의 죽음을 계기로 다시 노무라를 되돌아보고 있다. 시대가 달라졌어도 변하지 않은 본질이 있기 때문이다. 노무라의 통찰이 그렇다.

のむら かつや
Katsuya Nomura

1935~2020

수련 단련 조련

노무라는 2009년 라쿠텐 감독에서 물러났다. 최약체 팀을 포스트시즌으로 이끈 건 열풍에 가까운 신드롬이었다. 그러나 라쿠텐 구단은 노무라 감독과 재계약하지 않았다. 그의 공로를 충분히 인정했지만 당시 74세였던 노장을 감당하기 어려웠던 것이다.

노무라는 라쿠텐에서 전권(全權)을 휘둘렀다. 선수단 구성과 운영에 대해 모든 권한을 행사했다. 뿐만 아니라 구단 행정에도 개입했다. 감독이 왕처럼 군림했던 20세기처럼 노무라는 21세기에도 구단을 장악하고 지휘하려 했다. 노무라의 권한 행사는 구단 입장에서는 월권(越權)으로 비쳐졌다.

노무라를 끝으로 일본의 노장들이 차례로 현장을 떠났다. 대신 지휘봉을 잡은 신세대 감독들은 구단과 잘 소통한다. 선수들과도 눈높이를 잘 맞춘다. 한 시대가 그렇게 저물었다.

일본 공무원을 상대로 '가장 이상적인 상사'를 묻는 설문조사에서 노무라가 선두권을 차지했던 시기가 1990년대다. 지금 같은 설문을 한다면 아마 결과가 다르게 나올 것이다.

노무라는 요즘 유행하는 '꼰대'라는 말과 잘 어울리는 인물일 것이다.

"더 노력해라."

"아파도 참아라."

"열등감을 잊지 말라."

노무라의 메시지를 자유롭고 풍족하게 자란 밀레니얼 세대가 온전히 받아들일 것 같지 않다. 노무라가 요즘 젊은 선수들에게 "나 때는 말이야"라고 이야기를 꺼내는 순간, 표정이 얼어붙을 것이다. 귀를 막진 않아도 마음은 닫을 것이다.

그러나 모두가 그럴까. 아마 아닐 것이다. 지금도 '꼰대'의 잔소리가 필요한 이들이 있다.

고도성장이 끝난 시대에도, 여전히 아무것도 없이 0에서 출발하는 젊은이들이 있다. 피나도록 노력하고, 아파도 참고, 열등감으로 똘똘 뭉친 '흙수저'들이 이미 존재하고 있다.

그들에게 노무라의 역전의 기록, 성공 스토리는 여전히 희망이 될 수 있다. 약자가 강자가 되는 이야기는 유행이 아닌 고전이기 때문이다.

이 시대를 노무라처럼 살 필요는 없다. 그러나 노무라를 읽고 배우는 건 얼마든지 할 수 있다. 고전이 주는 영감은 바뀌지 않는다.

노무라는 수련했다.

실행하기 전에 고민부터 했다. 급한 마음에 잘못된 길로 뛰어나가면 다시 돌아오기 위해 시간과 노력을 허비하기 마련이다.

열등한 자기 자신을 외면하지 않고 정면으로 마주했다. 잘난 사람에 대한 질투를 부끄러워하지 않고 온전히 흡수했다. 자신의 발전 동력으로 삼았다.

노무라의 야구는 남들과 다른 방법을 찾는 것부터 시작했다. 남과 같은 방법으로 남을 이길 수 없다고 믿은 것이다. 웨이트트레이닝에 대한 개념이 없던 시절, 빈 병에 모래를 채워 역기처럼 들었다. 노무라는 일본 야구에 전력 분석이라는 개념을 가장 먼저 도입한 인물이기도 했다. 비디오테이프가 늘어지도록 영상을 반복해 보고 상대의 강점과 약점, 그리고 미세한 버릇까지 찾아냈다.

남들을 연구해 남들과 다른 방법을 찾는 것, 그게 노무라의 수련이었다.

노무라는 단련했다.

그는 첫 3년의 중요성을 강조했다. 야구선수라면 프로 데뷔 후 3년을 어떻게 보내느냐에 따라 야구 인생이 달라진다는 것이다. 노무라가 치열하게 고민하고, 근력을 키우고, 부상을 숨기면서까지 뛰었던 시기다.

1954년 프로선수가 되었을 때 노무라는 정식 계약도 하지 못한 연습생 신분이었다. 이후 3년 동안 프로야구를 직접 경험하고 느낀

끝에 56년 주전 선수가 되었고, 57년 홈런왕에 올랐다.

물론 1950년대 야구와 현대 야구가 같지 않다. 야구 선수와 회사원의 3년을 동일한 기준으로 비교할 수도 없다.

젊고 약한 이에게 희생과 인내만 바라는 게 아니다. 남이 아닌 자신을 위해 시간과 노력을 투자하라는 것이다. 방향을 정했다면 전속력으로 뛰어보라는 것이다.

성장기에 최대한 단단해지는 것, 그게 노무라가 말하는 단련이었다.

노무라는 조련했다.

그의 선수 시절부터 스스로를 리드했다. 포수로서 투수를, 그리고 수비수를 리드했다. 그라운드의 최고 리더인 감독이 되어서도 그는 끊임없이 변하고 발전했다. 평생 리더였던 노무라의 지혜를 한 번쯤 들어볼 만하다.

노무라는 "삼류 선수는 무시하고, 이류 선수는 칭찬해서 키우고, 일류 선수는 꾸짖어서 키운다"는 말을 남겼다. 각자의 재능에 따라 다른 조련법을 적용하는 것이다. 요즘에는 지도자가 선수를 조련한다는 군대식 용어를 거의 쓰지 않는다. 그러나 도제식(徒弟式) 교육이 필요한 분야에서는 여전히 유효하다.

노무라는 젊은 엘리트 선수들에게는 꽤 엄격했다. 재능이 뛰어난 선수가 교만하거나 게을러지지 않도록 끊임없이 자극했다. 그게 일류 선수가 초일류 선수로 성장하도록 돕는다고 믿었다.

발전 가능성이 있는 선수에게 노무라는 친절하고 자상했다. 그들에게 용기를 주고, 성장법을 함께 찾아 일류 선수가 되도록 도왔다. 반면 삼류 선수에게는 혹독했다. 그들을 포기한 건 아니다. 스스로 독을 품고 이류 선수로 성장하기를 기다린 것이다.

개인마다 다른 결핍을 채워주는 것, 그게 노무라의 조련법이었다.

のむら かつや

Katsuya Nomura

1935~2020

올드보이의
옛날이야기

노 무라는 옛날 사람이다. 노무라의 스토리 또한 옛날이야 기다.

만약 직장 상사가 노무라라면, 그의 잔소리를 직접 듣는 건 고역일 수 있다. 찢어지게 가난했던 유년 시절부터 시작할 이야기는 아마 밤을 꼬박 새우고도 끝나지 않을 것이다.

그러나 그의 이야기를 고전을 읽듯 다시 읽으면 느낌이 다르다. 시대가 변했어도 여전히 같은 고민을 하는 사람이 있다. 세대가 달라도 어느 순간 다른 세대를 이해할 때가 있다.

현대 야구는 최첨단 데이터로 구현된다. 눈썰미가 아니라 레이더가 공을 쫓는다. 노무라가 연구하고 개발한 방법은 이제 통하지 않는다. 그러나 남들과 다른 길을 찾으려는 노무라의 노력은 시대와 공간을 초월하며 묵직한 메시지를 준다.

일본 신문에 '노무라 어록'이라는 고정란이 있었던 건, 그의 말을 많은 이들이 곱씹을 필요가 있었기 때문이었다. 나이가 많든 적든, 야구를 좋아하든 아니든 말이다.

노무라가 남긴 말과 글은 자신의 성공을 포장하지 않았다. 자신의 결함과 열등감을 드러냈고, 그걸 극복하는 과정을 담았다. 그래서 많은 이들이 공감했다.

그는 "자신을 과대평가하는 순간부터 사고가 경직된다"고 경고했다. "자신의 단점을 인정하는 것으로부터 발전이 시작된다"고 독려했다. "실패의 이유를 알면 다음에는 실패하지 않을 수 있다"고 위로했다. "상대를 이기는 것보다 나를 향상시키는 게 더 중요하다"고 강조했다.

노무라의 야구 인생에서 가장 노무라다운 선택은 포수라는 위치를 지킨 것이다. 그는 남들이 가장 어려워하고 힘들어하는 포지션을 선택했다. 남들이 싫어하는 일을 해야 오래 살아남을 수 있다고 믿었다.

처음 홈런왕에 오른 뒤 노무라는 편한 포지션으로 옮길 수 있었다. 그는 45세에 은퇴할 때까지 마스크를 벗지 않았다. 동료들을 마주보는 동시에, 적(타자)과 가장 가까운 최일선에서 평생을 싸웠다.

노무라는 1963년 52홈런을 때렸다. 당시 일본 최고 기록이었지만 불과 1년 뒤에 오 사다하루가 55홈런을 터뜨리며 영광을 빼앗아갔다. 노무라의 5년 후배인 오는 일본 프로야구 통산 최다 홈런(868개) 기록을 세웠다. 노무라는 통산 657홈런으로 역대 2위에 올라 있다.

오와 동시대를 산 탓에 노무라의 기록은 찬란해 보이지 않았다. "오는 해바라기, 나는 달맞이꽃"이라는 노무라의 말은 그래서 나왔다.

노무라가 세운 기록의 가치는 그가 포수라는 점에서 달리 평가해야 한다. 수비 부담이 다른 포지션보다 몇 배나 큰 포수로서, 노무라는 한 시즌 50홈런 이상을 때린 세계 유일의 선수로 남아 있다.

때문에 노무라는 자신의 포지션을 자랑스러워했다. 홈런왕으로, 명감독으로 살면서도 그는 "나는 평생 포수"라고 말했다. 가장 노무라다운 자리에서 가장 노무라다운 플레이를 했다는 자부심이 묻어 있다.

다시 말하지만, 노무라의 스토리는 옛날이야기다. 올드보이의 이야기다. 그러나 인생의 고비에서 한 번쯤 꺼내보고 싶은 고전이다. 노무라의 사망 소식을 접하고 더욱 그런 생각을 하게 됐다.

늙은 육체로부터 벗어난 노무라는 지금 무엇을 하고 있을까. 쌩쌩한 젊음을 되찾은 그는 지금도 누군가의 공을 받고 있을 것이다. 투수를 보고, 동료를 마주보며, 자신을 비춰볼 것이다. 그리고 다시 수련하고 단련할 수 있다는 사실을 기뻐할 것이다. 또 다른 성공을 꿈꾸면서.

굿바이, 노무라.
야구가 있는 다른 세상에서, 씨 유 어게인.

노무라 스피치

"인생(人生)은 사람으로 태어나서, 사람으로 살고, 사람을
살리고, 사람으로부터 도움을 받는 것이다."

인생이라는 단어는 읽는 사람에 따라 의미가 달라질 수 있다. 노무라는 사람답

게, 사람과 어울려 사는 삶을 강조했다.

"인간(人間)은 사람 인(人)과 사이 간(間)으로 만들어져 있
다. 사람들 사이에 있을 때 비로소 인간으로 살 수 있다. 사람
[人]은 서로 의지하며 살아가는 존재다."

노무라는 야구가 곧 인간학이라고 생각했다. 다른 사람과 함께할 줄 아는 사

람이 가치 있다고 생각했다. 인간은 자신을 벗어난 존재가 됐을 때 참된 가

치를 갖는다. 이는 곧 팀워크의 출발점이 된다.

"개성은 세상과 사람에게 이로울 때 비로소 가치 있는 개
인의 특성으로 인정받는다."

노무라는 껍데기뿐인 개성을 싫어했다. 다른 사람의 눈에 띄기 위한 포장과

행동을 좋아하지 않았다. 그는 인간적인 독특함이 개성이며, 타인에게 인정

을 받아야 참된 개성이라고 말했다.

"인간은 다른 사람과의 차이점으로 승부하는 존재다."

타인과 다른 점이 곧 경쟁력이라고 노무라는 믿었다. 차이점, 참된 개성을 모른 척한다면 정체성마저 잃을 수 있다고 경고했다. 승자와 패자를 나누는 분기점은 거기에 있다.

"후배 이상으로 노력하는 선배는 살아 있는 교과서다."

리더는 구성원들에게 항상 주문을 한다. 그게 옳은 말일지라도 듣는 사람은 지치게 마련이다. 때로는 선배의 언행이 훨씬 효과적이다. 후배보다 더 노력하는 선배, 후배의 귀감이 되는 선배는 그래서 귀하다.

"팀에는 거울과 같은 존재가 있다. 그는 화학변화를 일으킨다. 좋은 방향으로든, 나쁜 방향으로든."

뛰어난 실력과 정신력을 갖추고 있다면 나이가 조금 어려도 팀 내에서 거울 같은 존재가 될 수 있다. 그는 알게 모르게 팀을 바꾼다. 그가 동료들을 좋은 길로 이끌기도, 나쁜 길로 빠뜨리기도 한다. 누군가 마이너스 에너지를 갖고 안으로 들어온다면 팀은 곧 붕괴한다.

"거만한 인간은 발전할 수 없다. 현상 유지도 어렵다. 오직 하강하는 일만 남았을 뿐이다."

노무라는 "이 정도면 괜찮아" '난 이미 충분해'라고 생각하는 순간부터 내리막길을 걷는다"고 말했다. 자신의 부족한 점을 인정하고 이를 동력으로 삼아야 발전할 수 있다는 말이다.

"의무감이나 책임감으로 하는 것은 가짜다. 사명감을 갖고 하는 것이 진짜다."

의무감이나 책임감은 엄밀히 말해서 남을 위한 감정이다. 언젠가는 지치고 흔들린다. 사명감을 느끼는 일을 찾고 행하라.

"사람의 가치는 실패한 뒤 일어서는지 그렇지 않은지에 달려 있다."

노무라는 "재기에 성공한 선수는, 사실 이전까지 충분한 노력을 하지 않은 이들이 대부분이다. 다 해보지도 않았는데, 성과가 나지 않아서 해고된 이들이다. 실패를 이겨내야 한 단계 올라설 수 있다"고 말했다. 많은 사람들은 실패한 뒤 일어서지 못한 채 거기에 머물러 있다. 가치 있는 사람은 실패를 이겨낼 수 있다. 유능한 리더는 이를 도와야 한다.

"고통을 참고 이겨낸다면, 언젠가는 도움이 된다."

노무라는 선수 은퇴 후 갑작스럽게 강연 의뢰를 받았다. 야구인이 아닌 일반인 앞에서 말할 자신감이 생기지 않아 스트레스성 원형탈모증까지 생겼다. 그러나 노무라는 "책상에 앉아 공부한 지식이 아니라, 체험을 통해 얻은 지혜를 말해보라"는 말을 듣고 용기를 얻었다. 이런 기회가 언젠가 큰 도움이 될 것이라 믿은 노무라는 계속 노력했고, 훗날 명강사가 됐다.

"혼자 훈련하라. 그러면 자연스럽게 생각하게 된다."

개인 훈련은 단지 더 많은 시간 훈련하는 것 이상의 의미가 있다. 혼자일 때 '무엇을 어떻게 할 것인지' 고민하기 때문이다. 그러다 깨달음과 변화의 계기를 맞을 수 있다. 또 자신을 읽어내는 눈을 기르는 기회가 되기도 한다.

"인생이 반 이상 남았으면서 선수들 대부분은 해고된 후에 허둥거린다."

야구 선수는 은퇴 후의 인생이 훨씬 길다. 은퇴 후 인생을 잘 영위하기 위해서 최대한 일찍 준비해야 한다고 노무라는 말한다. 그는 "은퇴 후를 위해서 지금을 살아야 한다. 우선 책을 읽는 것부터 시작하라"고 강조했다.

"세상에 천재는 한 주먹 정도다. 그러나 천재도 재능만으로는 성공할 수 없다."

성공한 천재는 많다. 그러나 그들도 알게 모르게 많은 노력을 했다. 반면 뛰어난 재능을 갖고도 노력을 더하지 않아 도태된 천재도 꽤 많다.

"인간은 일을 통해서 성장한다. 인간은 세상을 위해서, 사람을 위해서 살아간다. 그게 인생이다."

노무라는 선수들에게 "야구인이기에 앞서 사회인이 돼야 한다"고 강조한다. 야구에 앞서 인생을 강조하다 보면 야구의 소중함을 더 크게 느낄 것으로 믿었다.

"구도무한(球道無限)."

야구의 심오함에는 끝이 없다는 뜻이다. 야구에 대한 공부에는 한계가 없고, 그렇기에 더 연구하고 노력하는 사람이 이긴다는 의미가 담겨 있다. 야구뿐만 아니라 다른 일도 마찬가지일 것이다.

"나는 평생 포수다(生涯一捕手)."

난카이 선수 겸 감독이었던 노무라가 1977년 롯데 오리온스의 선수로 이적하면서 한 말이다. '나는 평생 서생이다(生涯一書生)'라는 말에서 따온 것으로, 감독 자리에서 물러난 노무라는 초심을 잃지 않고 포수로 다시 돌아가겠다는 의지를 이렇게 표현했다.

"내 사전에는 만족과 타협, 한정이란 말이 없다."

1997년 7월 기자회견 중 노무라가 한 말이다. 스스로 부족하다는 것을 끊임없이 자각하면 반성할 점과 수정할 점이 반드시 보인다는 의미다. 노무라는 그래서 늘 불만에 가득 차 있다. 이건 노무라의 야구 인생을 떠받쳐온 철학이다.

"전후재단(前後裁斷)."

앞뒤를 잘라내라는 뜻. 일을 시작하기 전의 고민과 일이 끝난 후의 결과를 생각하지 말고 현재에 충실하라는 뜻이다. 노무라는 "매 순간 목숨을 걸고 자신을 불태워야 한다. 결과는 하늘에 맡기면 된다"고 설명한다. 이러한 태도는 과정의 충실함을 이끌어낸다.

"둔감은 인간의 죄악이다."

사람은 계속 무언가를 느껴야 한다. 그래야 사람을 생각하는 마음이 생기고, 상황을 파악하는 능력이 길러진다. 그러나 둔감한 사람은 어느 것 하나도 제대로 볼 수 없다. 변화할 기회가 애초에 차단된다고 노무라는 말한다.

"약함을 자각하는 것이 강함의 시작이다."

노무라는 약하다는 것을 자각해야 더 나아지려는 마음이 생긴다고 강조했다. 그래야 현재의 자신이 과거의 자신에 지지 않고 강해질 수 있다고 했다.

"강해지면, 진정한 평온을 얻을 수 있다."

평온은 어떠한 일에도 의연할 수 있는 상태다. 강해지고 자신감이 생기면 작은 위기나 실패에 흔들리지 않는 힘을 얻는다.

"조직은 리더의 역량 이상으로 성장하지 않는다."

노무라가 일흔이 넘는 나이까지도 공부를 멈추지 않는 이유다. 성장을 멈춘
리더가 이끄는 조직은 분명 한계에 이르게 된다. 리더가 성장해야 팀도 함께
성장할 수 있다는 것이 노무라의 지론이다.

"배우는 것에 만족하면 안 된다. 스스로 고민하고, 다른 사람에게서 훔쳐라."

선수는 선배나 코치에게 배운다. 이건 수동적인 행위다. 게다가 그건 경쟁자
들도 똑같이 기울이는 노력이다. 시키는 대로 하기만 하는 제자에게는 스승
도 싫증을 낸다. 더 앞서가기 위해서는 혼자 연구하는 적극성이 필요하다. 그
러면서 남들과 다른 점을 찾아내야 하고, 남들에게서 배워야 한다.

"'할 만큼 했다'고 말하는 건 자기도피(自己逃避)다."

노무라는 이런 마음을 단죄한다. 자신이 정해놓은 한계에 다다른 뒤 최선을
다했다고 스스로 만족해버리는 것을 경계한다. 노무라는 "한계를 넘어선 후
그걸로 끝인가? 그다음엔 무엇을 어떻게 할지 고민해야 한다"고 말했다.

"피치 못할 사정이 아니라면, 인연을 소중히 여겨라."

누구나 그렇듯 노무라의 삶은 사람과 만나고 헤어지는 일들의 연속이었다. 감독으로서 여러 사람을 선택해야 했고, 많은 사람과 이별도 했다. 반대로 그는 구단에 고용된 신분이기도 했다. 이렇게 복잡한 인간관계를 만들어가며 노무라는 작은 인연이 큰일을 만들 수 있다는 걸 깨달았다. 노무라가 배려를 강조한 배경에는 인연을 소중히 하라는 메시지가 담겨 있다.

"투정은 이상과 현실의 차이가 크기 때문에 나타난다."

어쩌면 투정을 미화하는 것일 수도 있겠다. 그러나 노무라가 말하는 투정은 그저 어리광이 아니다. 자신에게 가하는 채찍질이다. 목표를 높이 세웠기에 만족하지 못하는 것이다. 노무라는 "투정은 더 높은 곳에 오르려고 하는 의욕의 변형이다. 투정은 내게 좋은 의미의 단어"라고 부연했다.

"재능의 싹을 과소평가해서는 안 된다."

누군가를 평가할 때 노무라는 인색한 편이다. 그의 현재 모습에 한해 그렇다. 그러나 노무라는 모든 이들의 발전 가능성을 높게 본다. 자신이 그랬듯, 서툰 인간이 어디까지 뻗어나갈지 모르기 때문이다. 그래서 노무라는 "사람을 평가하려면 충분히 오래 지켜봐야 한다"고 당부했다.

야구 용어 풀이

난카이 호크스

퍼시픽리그의 명문 팀이다. 오사카를 연고로 1938년 창단해 이후 긴키 니폰(1944년~1946년), 긴키 그레이트닝(1946년~1947년)으로 팀 이름을 바꿨다가 이후 난카이 호크스로 돌아왔다. 노무라는 1954년에 입단했다. 이후 1989년 다이에에 구단을 매각했고, 2005년 재일교포 3세 손정의 소프트뱅크 회장이 이를 인수해 소프트뱅크 호크스를 창단했다. 현재 퍼시픽리그 최고 인기 구단이며, 2019년까지 리그 우승을 18차례 차지했고, 일본시리즈를 10차례 제패했다. 현재는 후쿠오카가 홈이다. 2014년 ~2015년 이대호가 중심 타자로 뛴 적이 있다.

야쿠르트 스왈로스

요미우리 자이언츠와 함께 도쿄를 연고로 하는 센트럴리그 팀이다. 1950년 고쿠데쓰 스왈로스라는 이름으로 창단했고, 1978년 처음 일본시리즈를 제패했다. 노무라 감독 재임 시절인 1990년~1998년에는 리그 우승 4차례, 이 가운데 일본시리즈 우승 3차례를 차지했다. 한국 선수 임창용이 2008년부터 2012년까지, 이혜천이 2009년부터 2010년까지 활약했다.

한신 타이거즈

야구 열기가 뜨거운 일본 제2의 도시 오사카를 근거지로 1935년 오사카 타이거즈라는 이름으로 창단했다. 단일 리그 시대에는 4차례 우승을 차지했지만 양대 리그 출범 후에는 리그 우승 5차례, 일본시리즈 우승 1차례(1985년)에 그치고 있다. 그러나 인기는 센트럴리그 라이벌 요미우리 못지않다. 2014년 오승환이 입단해 마무리 투수로 활약했다.

라쿠텐 골든이글스

센다이를 연고로 하는 일본 프로야구 막내 팀이다. 2004년 오릭스와 긴테쓰가 합병해 퍼시픽리그가 5개 팀으로 운영될 위기에 몰리자 라쿠텐이 새 팀을 창단했다. 2005년 리그에 참가했지만 38승 1무 97패에 그쳐 다른 팀들과 현저한 수준차를 보였다. 2006년 노무라가 부임해 2009년에는 리그 2위까지 올랐다. 호시노 감독의 지휘 아래 2013년 일본시리즈 첫 우승을 차지했다.

요미우리 자이언츠

1934년 도쿄를 연고로 창단한 일본 최초의 프로야구 팀. 2019년까지 센트럴리그 37차례, 일본시리즈 22차례 우승을 차지했다. 특히 1965년부터 1973년까지 9년 연속 리그·일본시리즈 챔피언에 오르는 전무후무한 기록도 세웠다. 초창기 최고 투수 사와무라 에이지, 통산 400승 기록을 세운 가네다 마사이치, 세계의 홈런왕 오 사다하루, '미스터 베이스볼' 나가시마 시게오 등 슈퍼스타들을 배출했다. 조성민(1995년~2002년), 정민철(2000년~ 2001년), 정민태(2001년~2002년), 이승엽(2006년~2010년) 등 한국 선수들도 요미우리에서 뛰었다. 어린 시절 요미우리 팬이었던 노무라는 요미우리 선수들, 감독들과 라이벌이 되면서 '안티 요미우리'의 대표적 인물이 됐다.

쓰루오카 가즈토(鶴岡一人, 1916~2000)

본명은 야마모토 가즈토. 난카이 선수로 1939년 홈런왕에 오른 강타자 출신이다. 1946년부터 1968년까지 난카이 감독을 지냈다. 긴테쓰 시절까지 포함해 감독으로서 총 1773승을 거둬 일본 최고 기록을 갖고 있다. 선수 칭찬에 인색한 것으로 유명했다.

오 사다하루(王貞治, 1940~)

대만 출신으로 한국에서는 왕정치라는 이름으로 많이 알려졌다. 1959년 요미우리에 입단해 1962년 첫 홈런왕에 오르는 등 총 15차례 홈런 타이틀을 따냈다. 통산 홈런 868개로 일본 최다 기록을 세웠다. 타격왕을 5회, 타점왕을 13회 차지했다. 1973년과 1974년엔 공격 3관왕을 차지하기도 했다. 통산 홈런뿐 아니라 타점(2170개), 루타(5862개), 볼넷(2390개), 고의 볼넷(427개) 부문에서도 일본 최고 기록을 가지고 있다. 1980년에 은퇴해 요미우리에서 5년, 소프트뱅크(다이에 시절 포함)에서 14년간 감독을 지내며 통산 1317승을 거뒀다. 1999년과 2003년엔 일본시리즈를 제패했다. 2006년 제1회 월드베이스볼클래식(WBC) 일본 대표팀 감독을 맡아 초대 우승을 차지하기도 했다. 2009년 소프트뱅크 구단 회장이 됐다.

나가시마 시게오(長嶋茂雄, 1936~)

별명이 '미스터 베이스볼'일 정도로 인기가 높았다. 1958년 요미우리에 입단, 오 사다하루와 함께 자이언츠의 전성시대를 이끌었다. 타격왕 6차례, 홈런왕 2차례, 타점왕 6차례를 차지했다. 통산 444홈런을 때린 뒤 1974년 은퇴했다. 성적은 오에 미치지 못했지만 인기는 그 이상이었다.

대스타면서도 인간적인 매력을 잃지 않아 일본의 야구 영웅으로 사랑받았다. 1975년~1980년, 1993년~2001년까지 15년 동안 요미우리 감독을 지내며 통산 1034승을 올렸다. 감독 은퇴 후에도 요미우리의 종신 명예감독으로 대접받고 있다.

뉴욕 양키스

1901년 창단해 2009년까지 월드시리즈에서 27회, 아메리칸리그에서 40회 우승을 차지한 미국 최고 명문 구단이다. 베이브 루스, 루 게릭, 조 디마지오, 미키 맨틀, 요기 베라 등 최고 스타들을 배출했다. 2010년엔 박찬호가 입단하기도 했다.

베이브 루스(1895~1948)

본명은 조지 허먼 루스. 1914년 볼티모어 마이너리그 팀에 입단한 뒤 보스턴 레드삭스로 이적했다. 훌륭한 투수였지만 타격 재능도 뛰어나 타자로 전향했다. 보스턴은 2년 뒤 뉴욕 양키스에 루스를 보냈는데, 양키스에서 12차례나 아메리칸리그 홈런왕에 올랐다. 1927년엔 60홈런으로 당시 최고 기록을 세웠다. 22년을 뛰는 동안 통산 714홈런을 때렸다. 1974년 행크 에런에 의해 깨지기 전까지 통산 최다 홈런이었다. 투수가 야구를 지배하던 시절 루스는 팬들에게 홈런의 묘미를 보여주며 야구 인기를 끌어올렸다.

스즈키 이치로(鈴木一朗, 1973~)

메이저리그로 진출한 최초의 일본 타자. 1991년 오릭스에 입단해

1994년 일본 최고 기록인 210안타를 때려내며 최연소 MVP에 올랐다. 2000년까지 7년 연속 퍼시픽리그 타격왕을 차지했다. 이듬해 시애틀 매리너스로 이적해 242안타를 때려 아메리칸리그 신인왕과 MVP를 석권했다. 타격뿐 아니라 주루와 수비에서도 메이저리그 최고 기량을 보였다. 2006년과 2009년 WBC에서 일본 대표팀 리더로 활약하며 우승을 이끌었다.

센트럴리그

1935년부터 단일 리그로 운영되던 일본 프로야구는 1949년 신생 팀의 가맹을 반대해 요미우리를 비롯한 팀들이 센트럴리그를 창설했다. 요미우리를 비롯해 한신, 주니치 등 명문 구단과 야쿠르트, 요코하마, 히로시마 등 총 6개 팀이 가입돼 있다. 센트럴리그에는 지명타자 제도가 없어 투수도 타격을 해야 한다.

퍼시픽리그

1950년 리그가 분리될 때 새 구단 가맹을 찬성하는 팀들이 모여 만든 리그다. 현재 소프트뱅크, 세이부, 롯데, 니혼햄, 오릭스, 라쿠텐 등이 속해 있다. 센트럴리그에 비해 인기가 상당히 떨어졌지만 2005년 소프트뱅크 창단 후부터 많은 팬들이 생겼다. 지명타자 제도를 도입하고 있다.

이나오 가즈히사(尾和久, 1937~2007)

1950~1960년대 일본 최고 투수. 1956년 니시테쓰 라이온스에 입단해 1969년 은퇴할 때까지 다승왕 4차례를 차지하며 통산 276승 137패를 기록했다. 데뷔 첫해부터 8년 연속 20승 이상을 거뒀고, 1961년엔 42승을

올리기도 했다. 그가 거둔 일본시리즈 11승은 통산 타이기록이다. 1958년 요미우리와의 일본시리즈에서는 3연패로 밀리던 4차전부터 7차전까지 연속 등판해 4연승을 따냈다. 그의 팬들은 "하느님, 부처님, 이나오님"이라며 그를 신격화하기도 했다.

스기우라 다다시(杉浦忠, 1936~2001)

포수 노무라와 배터리를 이뤄 난카이 전성시대를 함께 이끈 명투수. 릿쿄 대학 시절 나가시마 시게오와 함께 난카이에 입단하려 했지만 결국 혼자서 오사카로 왔다. 당시에는 보기 드문 언더핸드스로 투수로 통산 187승을 거뒀다. 1959년 요미우리와의 일본시리즈에서 혼자 4승을 거두기도 했다.

호시노 센이치(星野仙一, 1947~2018)

오른손 구원투수로 1968년 주니치에 입단했다. 1974년엔 15승 10세이브를 기록해 최고 투수에게 주는 사와무라상을 받기도 했다. 1987년~1991년, 1996년~2001년까지 주니치 지휘봉을 잡아 강력한 카리스마를 선보였다. 선동열, 이종범, 이상훈이 주니치에서 뛰었을 때의 감독이다. 2002년 한신으로 이적해 이듬해 리그 우승을 차지했다. 2008년 베이징올림픽 일본 대표팀 감독을 맡았지만 준결승전에서 한국 대표팀에 패했다. 2011년~2013년 라쿠텐 감독을 맡았다.

가와카미 데쓰하루(川上哲治, 1920~2013)

요미우리 초창기 멤버. 1938년 입단해 홈런왕 2차례, 타점왕 3차례,

타격왕 5차례에 올랐다. 1961년 요미우리 감독에 오르자마자 일본시리즈를 제패했고, 1965년부터 1973년까지 9년 연속 일본시리즈 우승을 차지하는 등 14년간 총 11차례나 요미우리를 일본 챔피언에 올려 전성시대를 이끌었다. 타자로서나 감독으로서나 노무라의 롤 모델이었다.

오치아이 히로미쓰(落合博, 1953~)

1978년 롯데 오리온스에 입단해 1981년 타격왕에 오르며 주목받았다. 1982년엔 홈런, 타점, 타격 3관왕에 올랐고 1985년과 1986년 2년 연속 타격 3관왕을 차지했다. 일본에서는 유일하게 통산 세 차례나 타격 트리플크라운을 달성한 선수다. 1994년 요미우리, 1997년 니혼햄으로 이적해 1998년 은퇴할 때까지 통산 510홈런을 때렸다. 2004년 주니치 감독에 올라 2004년과 2006년 센트럴리그 우승을 차지했고, 2007년엔 리그 2위에 그쳤지만 일본시리즈 우승을 차지했다. 냉철한 리더십으로 유명하다.

마쓰이 히데키(松井秀喜, 1974~)

세이료 고교 시절 통산 타율 0.450, 60홈런을 때린 괴물 타자. 1992년 고시엔 대회 메이토쿠기주쿠 고교와 경기에서 5타석 연속 고의사구를 얻기도 했다. 1993년 요미우리에 입단해 1994년 20홈런을 치며 스타로 도약했다. 친근한 성격으로 나가시마 시게오 이후 요미우리에서 최고 인기를 누렸고, '고질라'라는 별명을 얻기도 했다. 2002년 세 번째 홈런왕(50개)을 차지한 뒤 메이저리그 뉴욕 양키스에 입단했다. 2010년 양키스를 떠나 3년을 더 뛰고 빅 리그에서 은퇴했다.

기요하라 가즈히로(清原和博, 1967~)

1986년 세이부 라이온스에서 데뷔해 31홈런을 치며 신인왕에 올랐다. 1997년 요미우리, 2006년 오릭스로 이적해 22년 동안 통산 525홈런을 때렸지만 묘하게도 홈런왕 타이틀은 한 번도 차지하지 못했다. 그러나 통산 끝내기 홈런(12개), 끝내기 안타(20개) 등에서 일본 최고 기록을 세웠다. 올스타전 MVP 7회 수상도 일본 최고 기록이다. '두목'이라는 별명을 갖고 있다.

가네모토 도모아키(金本知憲, 1968~)

김지헌이라는 한국 이름을 가진 재일교포다. 1992년 히로시마에 입단해 2년간 별다른 성적을 내지 못하다가 1994년부터 눈에 띄는 활약을 했다. 2003년 한신으로 이적해 2005년 40홈런을 때리며 센트럴리그 MVP를 수상했다. 2010년 6월 27일 기록한 통산 450홈런은 역대 13번째지만 좌타자로서는 일본 최고 기록이다. 성적보다는 성실함으로 존경받고 있으며 '철인'이라는 별명으로 유명하다. 1999년 7월 21일부터 2010년 4월 17일까지 1492경기 전 이닝(1만 2686이닝)에 출장해 세계기록을 세웠다.

후루타 아쓰야(古田敦也, 1965~)

노무라가 야쿠르트 지휘봉을 잡은 1990년 입단했다. 첫해 홈런 3개, 타율 0.250에 그쳤지만 이듬해 주니치 오치아이 히로미쓰를 꺾고 센트럴리그 타격왕(0.340)에 올랐다. 포수로 타격왕을 차지한 건 노무라 이후 역대 두 번째, 센트럴리그 최초였다. 수비가 뛰어난 포수였지만 통산 217홈런, 타율 0.294를 기록할 만큼 공격력도 좋았다. 2006년부터 2년간 야쿠르트의 선수 겸 감독을 지냈다.